선종의 흥기

易中天中華史: 禪宗興起

선종의 흥기

禪宗興起

易 中 天 中 國 史

이중톈 중국사 \14\

이중톈 지음 | 김택규 옮김

글항아리

中 / 國 / 史 /

일러두기
– 본문에서 괄호 속 설명은 지명 표기 등을 제외하면 옮긴이가 붙인 것이다.

제1장

비잔티움

헤라클리우스는 성모의 초상을 돛대 위에 못 박았다.
그것은 그가 콘스탄티노플의 통치권을 획득하게 해주었다.
안타깝게도 그로부터 100년 뒤,
교회와 황제는 성상 문제로 크게 다투었고
아우구스투스의 황관도 야만인의 머리에 씌워졌다.

흔들리는 제국

서기 610년은 특별한 해였다고 할 수 있다. 바로 그해에 강도江都로 간 수양제는 강남하江南河를 개통했는데, 경구京口(지금의 전장鎭江)부터 여항餘杭(지금의 항저우)까지 전체 길이가 800리에 달했다. 이와 동시에 이슬람교의 위대한 선지자 무함마드가 신의 계시를 받았으며 헤라클리우스라는 사람이 비잔티움의 황제가 되었다.

새로운 역사가 이렇게 시작되었다.

그 후의 세계는 비잔티움과 아랍과 수당 제국이 풍운을 질타하는 무대였다. 물론 이 3대 제국의 운명은 각기 달랐다. 한 세기 반 뒤, 당나라는 전성기에 이른 후 쇠퇴했고 아랍은 엄청나게 확장했다가 분열에 직면했으며 비잔티움은 바닥을 치고 부흥을 준비했다. 하지만 공통점이 한 가지 있었는데, 그것은 바로 그들이 세계에 영향을 준 문명을 창조했고 또 그 문명이 다 종교와 관련이 있었다는 사실이다.

먼저 비잔티움을 살펴보기로 하자.

비잔티움은 동로마 제국이라고도 불린다. 하지만 동로마든 비잔티움이든 모두 후대 사람이 붙인 이름이다. 동진東晉 사람이 자기 나라를 동진이라고 말한 적이 없는 것처럼 비잔티움 사람도 자기 나라를 동로마라고 생각한 적이 없다. 그들의 국가는 여전히 로마 제국이라고 불렸으며 그들의 원수도 여전히 로마 황제라고 불렸다. 제국의 수도가 이미 로마에 있지 않았고 로마성도 형편없이 쇠퇴했는데도 그랬다.

사실 고전 교육을 받아본 사람의 눈에 그 새로운 제국은 마치 난봉꾼의 사생아처럼 보였을 것이다. 조상이 물려준 로마성을 잃었을 뿐만 아니라 조잡한 그리스어를 사용하고 정체불명의 종교를 국교로 삼았기 때문이다. 그 종교는 옛 로마에서 성장하고 전파되기는 했지만 창립자인 예수는 유대인이었으며 교리 역시 로마 문명의 전통과는 완전히 동떨어진 것이었다.[1]

이런 국가를 어떻게 뻔뻔하게 로마라고 부를 수 있단 말인가?

하지만 비잔티움인은 그렇게 생각하지 않았다. 당시 서구 세계 최강국의 신민이자, 아나톨리아(즉 소아시아)와 이집트와 시리아와 다뉴브강 남쪽 동유럽 전체의 주인으로서 그들은 장안의 중국인들과 마찬가지로 자신이 문명 세계의 중심에 산다고 생각했다. 다만 그 중심이 그들 사이에서는 콘스탄티노플이라고 불렸을 뿐이다.

콘스탄티노플은 서기 330년 5월 11일에 로마 제국의 수도가 되었

---

1 예컨대 『로마제국 쇠망사』를 쓴 에드워드 기번은 비잔티움이 전락한 그리스와 로마의 잡종이었고 중세는 암흑과 야만의 시대였다고 보았다. 이에 대해서는 워런 트레드골드의 『비잔틴 제국의 역사』를 참고하기 바란다. 이 장의 서술은 이 책 외에 미국 타임라이프 북스의 『타임라이프 세계사』 제7권과 노먼 H. 베인스의 『비잔티움 문명 개론』, 천즈창陳志强의 『비잔티움 제국 통사』, 유빈游斌의 『기독교사강』, 왕메이슈王美秀 등의 『기독교사』, 류신리劉新利의 『기독교사 12강』, 류밍한劉明翰 주편의 『세계통사·중세권』을 참고했다.

다. 그전까지는 보스포루스 해협 서쪽 기슭의 그리스 요새였으며 비잔티움이라고 불렸다. 그런데 이 비잔티움이 새 수도가 되어 이름이 바뀐 뒤에도 그 원래 이름은 후대 사람들에 의해 천도 이후의 새 제국을 부르는 이름으로 쓰였다.

비잔티움을 제국의 새 수도로 정한 사람은 그 유명한 콘스탄티누스 대제였다. 그가 비잔티움으로 천도한 목적은 매우 명확했다. '새 수도, 새 제국, 새 종교'의 정치적 주장과 이상을 실현하기 위해서였다. 그 새 종교는 바로 유일신을 믿는 기독교였으며 그래서 제국의 정부는 온갖 신이 난무하고 퇴락할 대로 퇴락한 로마시에서 멀리 떠나야만 했다.

이에 황제는 노고를 무릅쓰고 친히 말을 달려 새 수도로 향했다. 도중에 부하들이 피곤한 낯을 보이자 그는 엄숙하게 선언했다.

콘스탄티누스의 휘장
서기 324~326년경에 주조된 금제 휘장으로 직경이 3.6센티미터다.

성 소피아 대성당

비잔티움 건축 양식의 전범으로, 거대한 원형 지붕으로 인해 유명해졌다. 서기 537년에 준공되었고 설계자는 물리학자였던 트랄레스의 안테미우스와 수학자였던 밀레투스의 이시도로스다. 서기 1453년 6월, 오스만튀르크의 술탄 메흐메트 2세가 콘스탄티노플을 함락시킨 뒤, 대성당 주위에 4채의 높은 첨탑을 세웠다.

"내 앞에서 길을 인도하는 것은 보이지 않는 신, 하느님이시다!"

당연히 신앙의 경건함을 증명하기 위해 새 수도의 시내 한가운데에는 성 소피아 대성당이 지어졌으며 아우구스투스 광장에 세워진 황제상의 손에는 지구의와 함께 십자가가 쥐어졌다. 전자는 세계 정복을, 후자는 기독교에 대한 추종을 상징했다.

콘스탄티누스의 이런 종교적 열정은 확실히 설명이 필요하다. 군대의 추대와 무장 투쟁에 힘입어 정권을 탈취한 황제로서 그는 진군 중에 태양 속에서 십자가 모양의 빛을 직접 보았다고 주장하고 즉시 로마군 깃발의 도안을 십자가로 바꿨다. 그 자신과 역사가들의 이야기에 따르면 그때부터 콘스탄티누스는 모든 전투를 승리로 이끌었다.

한마디로 하느님이 그와 함께했던 것이다.

애석하게도 이런 이야기는 불가사의할수록 더 미심쩍기 마련이며 실제로 콘스탄티누스의 신앙은 더 자세히 들여다볼 필요가 있다. 사실 그는 기독교를 크게 육성하기는 했지만 이교도도 너그럽게 받아들였다. 대권을 손에 쥔 뒤에 특히 더 그랬다. 그는 심지어 입교 의식을 치르는 것도 계속 미루다가 죽기 얼마 전에야 비로소 세례를 받았다.

확실히 콘스탄티누스는 기독교도이기 이전에 정치가였다. 그에게는 제국의 통일과 정권의 안정이 최우선이었다. 그래서 기독교 각 파벌이 교리를 놓고 얼굴을 붉히며 싸울 때면 그는 어느 쪽 편도 들지 않았으며 심지어 교부들이 목숨처럼 여겼던 신학 이론조차 대수롭지 않게 여

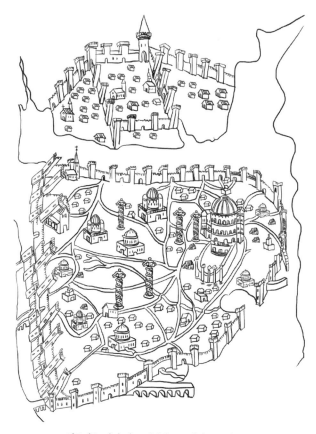

현존하는 가장 이른 시기의 콘스탄티노플 지도

이탈리아의 지도 제작자 크리스토포로 부온델몬티가 1420년 제작한 양피지 잉크화. 해자, 두 겹의 성벽, 큰 광장, 황가의 전승기념탑, 성 소피아 대성당 같은 콘스탄티노플의 주요 특징이 한 눈에 들어온다.

졌다. 그랬으니 당연히 기독교를 위해 다신교에 타격을 입힐 일도 없었다. 우리는 비잔티움의 새로운 이름이 콘스탄티노플(콘스탄티누스의 성)이었지, 하느님의 성이나 예수의 성이 아니었다는 것을 잊어서는 안 된다.

실제로 콘스탄티누스가 기독교를 장려한 것은 교리를 중시해서가 아니라 기독교가 유일신 숭배를 주장했기 때문이다. 그런 단순한 성격이 바로 통일 제국과 잘 맞아떨어졌다. 이것은 한나라 제국이 유학만을 높게 치면서도 유학을 그리 안 좋아한 것과 마찬가지다. 유가의 학설은 훨씬 더 통일 제국의 사상 통일에 적합했다.

콘스탄티누스는 비잔티움의 한무제였다.

콘스탄티누스의 선택이 틀렸다고는 말할 수 없다. 사실 이교도들은 일찌감치 기독교의 뛰어난 점을 발견했다. 그것은 숭고한 정신, 순결한 영혼 그리고 엄밀한 조직과 굳건한 신앙이었다. 기독교도의 행동거지도 존경을 불러일으켰다. 그들은 가난한 이들을 돕고 적에게 너그러웠으며 순교를 불사하는 동시에 부녀자를 존중하고 배신을 혐오했다. 이런 것들은 모두 그들의 유일신의 가르침에서 비롯되었다.

이와 반대로 옛 로마의 종교는 질이 안 좋았다. 그것도 종교라고 불릴 수 있다면 말이다. 그것은 마땅히 부르기에 적합한 이름조차 없었으니 신학과 교리, 도덕규범과 조직 체계는 더 말할 것도 없었다. 그 번잡한 신들은 하나같이 내력이 불분명했으며 간음, 불륜, 근친 살해 같은 범죄도 적잖이 저질러서 제국 신민의 도덕적 모범이 되기에 부족했다.

그때는 누구라도 기독교를 택했을 것이다.

안타깝게도 콘스탄티누스의 하느님은 그의 제국을 보우해주지는 못했다. 기독교가 국교로 정해진 지 3년도 안 돼서 로마는 동서로 쪼개졌으며 또 동로마는 대부분의 신민이 예수에게 귀의한 지 얼마 안 돼 붕괴했다. 콘스탄티노플도 결국 불행을 피하지 못했다. 오스만튀르크인에게 함락당해 이스탄불로 이름이 바뀌었다. 이슬람의 성이라는 뜻이었다. 물론 동로마 제국이 멸망한 때는 서기 1453년, 즉 중국 명나라 경태景泰 4년이다.

그런데 서기 610년, 헤라클리우스가 황제가 되었을 때 동로마는 수습하기 어려울 정도로 엉망이었다. 국고는 텅텅 비고 군대는 사기가 떨어질 대로 떨어졌으며 적들이 사면팔방에서 제국을 꼼짝 못하게 에워싸고 있었다. 그 적들은 북방의 게르만족, 중앙아시아에서 온 호전적인 아바르인과 페르시아인 등이었다.

페르시아인은 로마 제국의 오랜 적수이자 철천지원수였다. 특히 사산 왕조가 파르티아 제국을 대체한 후에 더 그랬다. 그들은 빈번히 전쟁을 일으켰을 뿐만 아니라 이데올로기와 종교 면에서도 서슴지 않고 딴지를 걸었다. 로마 제국이 기독교도를 박해할 때 사산 왕조가 대규모로 그들을 수용했는데, 막상 기독교가 로마의 국교가 되자 페르시아인은 이번에는 그 이단을 지지했다. 중국인이 경교景教라고 부른 그 이단 파벌은 바로 사산조 페르시아에서 형성되었다.

의심의 여지 없이 페르시아인은 기독교에 대해서는 전혀 관심이 없었다. 그들의 신앙은 조로아스터교였다. 그래서 기독교도를 수용하고 그 이단을 지지한 것은 그들 614년 5월, 성지 예루살렘에 몰려가 기독교의 옛 유적을 쑥대밭으로 만든 것에 아무 영향도 못 주었다. 심지어 그 이교도들은 교회에 있던, 예수가 수난을 당한 진짜 십자가까지 탈취해 전리품으로 삼고 포로들과 함께 페르시아의 수도 크테시폰으로 가져갔다.

그런데 페르시아인은 여기에서 그치지 않았다. 시리아와 팔레스타인을 휩쓴 뒤, 그들은 또 동로마의 이집트 총독을 항복하게 했다. 이렇게 제국 세수의 4분의 1을 담당하던 귀중한 영토가 속절없이 적의 수중에 들어감으로써 알렉산드리아항에서 콘스탄티노플로 단 한 톨의 곡식도 오지 못하게 되었다. 그 바람에 헤라클리우스는 시민들에 대한 무료 빵 공급을 중지할 수밖에 없었다.

서기 620년, 기세등등한 페르시아 군대가 보스포루스 해협 건너편 기슭까지 쳐들어와 물을 사이에 두고 콘스탄티노플과 마주했다. 흑해, 에게해와 이어진 그 해협은 매우 좁았기 때문에 비잔티움의 황제는 적의 군영에서 반짝이는 불빛을 보고 그 안에서 벌어지는 광란의 술판을 상상할 수 있었다.

국난으로 사지에 몰린 헤라클리우스는 스스로 동로마 제국의 수호자가 돼야만 했다. 사실 그가 만인의 환호 속에서 황위에 등극했을 때 제국의 신민은 그에게 두터운 기대를 걸었다. 만약 흔들리는 제국을 새롭게 일으켜 세우지 못하면 그의 말로는 전임 황제보다 나을 리가 없었다.

그렇다면 하느님은 그를 보우했을까?

예수를 둘러싼 고민

제국을 구하는 것은 헤라클리우스에게는 결코 쉬운 일이 아니었다.

헤라클리우스는 본래 아르메니아인이었다. 그의 아버지는 동로마 제국의 아프리카 총독이었으며 역시 이름이 헤라클리우스였다. 당시 아프리카 총독은 권력이 대단히 강했고 재임 중인 황제는 무능하다고 여겨졌다. 쿠데타로 황위에 오른 그자는 날로 심각해지는 내우외환을 아예 감당할 수 없었다. 제국은 강자가 필요했고 백성은 지도자가 필요했다. 그래서 헤라클리우스의 함대가 청량한 가을날 콘스탄티노플에 도착해 정권 탈취를 준비할 때, 성 안팎은 온통 환호에 들끓었다.

교회에 숨어 있던 늙은 황제가 두 명의 원로원 의원에게 포박되었다. 그는 지체 없이 파면당해 극형에 처해졌고 또 구족이 다 연루되었다. 형을 받기 전, 그 불운한 자는 원한 가득한 눈빛으로 새 황제 헤라클리우스를 쓱 보고서 용기를 내어 비웃듯이 말했다.

헤라클리우스

비잔티움의 솔리두스 금화로 직경 20밀리미터, 무게 4.45그램이다. 앞면은 헤라클리우스 1세와 그의 장남 헤라클리우스 콘스탄티누스, 차남 헤라클로나스가 왕관을 쓰고 서 있는 그림이며 뒷면은 그리스도를 뜻하는 장식 문자와 십자가다. 영리하고 용감했던 헤라클리우스 1세는 35세에 즉위했다.

"너는 나보다 낫겠지."

헤라클리우스는 그 말을 단단히 기억해두었다.

실제로 권좌에 오른 뒤, 헤라클리우스는 노력을 게을리하지 않았다. 즉위하자마자 전면 개혁을 단행해 정부 기구를 조정하고 재정 체계를 정비했으며 군사 시설도 강화했다. 나아가 직접 아바르인과 담판을 벌이고 군대를 지휘해 페르시아인과 싸우기도 했지만 결국 운 좋게 포로가 되는 것을 면하는 데 그쳤다. 아무래도 허약한 제국은 적폐를 청산하기가 어려워 보였고 헤라클리우스는 더 강한 힘의 도움을 받아야 했다.

그는 종교가 생각났다.

020

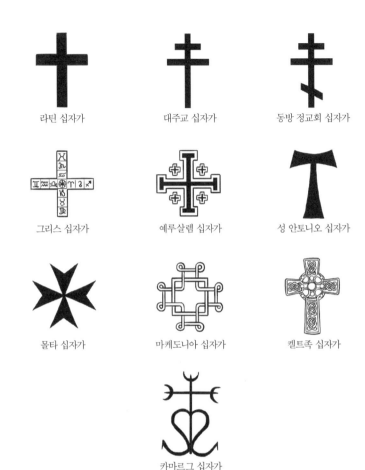

라틴 십자가

대주교 십자가

동방 정교회 십자가

그리스 십자가

예루살렘 십자가

성 안토니오 십자가

몰타 십자가

마케도니아 십자가

켈트족 십자가

카마르그 십자가

십자가

십자가는 본래 전쟁 포로나 범죄자를 죽일 때 쓰는 형구였다. 기독교의 이야기에서 예수는 모함을 받아 십자가에 못 박혀 죽은 뒤 사흘 만에 되살아났다. 이때부터 십자가는 기독교 신앙의 상징이 되었다. 기독교 교파마다 각기 다른 십자가를 사용하는데 모두 300종이 넘는다고 한다.

콘스탄티누스가 십자가 깃발이 무적이라고 믿었던 것처럼 헤라클리우스도 신앙의 힘이 무궁무진하다고 생각했다. 과거에 카르타고에서 배를 타고 콘스탄티노플로 올 때 그 젊은 장군은 성모 마리아의 초상을 돛대 위에 못 박았다. 그리고 지금 그는 당연히 하느님과 예수와 성모가 절대로 성스러운 도시와 총대주교의 주재지를 이교도가 장기간 점령하게 할 리가 없다고 믿었다. 그 이교도가 페르시아인인지, 아바르인인지, 아니면 슬라브인인지는 상관이 없었다.

그래서 제도를 개선하고 힘을 축적하는 동시에 헤라클리우스는 대대적으로 사상, 정치 공작을 벌였다. 그는 제국이 장차 신앙을 지키는 싸움을 할 것이라고 신하와 백성들을 잘 납득시켰다. 신성한 하느님의 검이 사악한 마귀의 심장을 찔러 함락 지역의 기독교도 형제들이 해방될 것이라고도 했다.

헤라클리우스의 이런 주장은 교회의 지지를 얻었다. 콘스탄티노플 총대주교는 창고 문을 열어 통 크게 재산을 기부했을 뿐만 아니라 정부가 교회의 금은 그릇을 빌려 화폐를 제조하는 데 동의했다. 또 화가를 청해 성문에 예수와 성모의 초상을 그리게 하기도 했다. 그래서 훗날 위기가 닥쳤을 때, 다수의 경건한 신도들이 성모가 성벽 위에 나타나거나 자기들 곁에 있는 것을 직접 보았다고 한다.

그러다가 서기 622년, 헤라클리우스는 군대를 이끌고 총대주교의 축복을 받으면서 원정에 나섰다. 그 후의 길고 힘들었던 전투 과정은 **022**

우리의 관심사가 아니므로 굳이 세세하게 이야기할 필요가 없을 것이다. 어쨌든 최후의 결과로 비잔티움의 대군이 서기 627년 말, 적의 수도 크테시폰의 성 밑까지 쳐들어가 이듬해 4월 3일 페르시아인과 조약을 맺음으로써 그 전쟁은 헤라클리우스의 승리로 막을 내렸다.

그것은 현장 법사가 인도에 가서 불경을 가져오기 1년 전의 일이었다.

2년 뒤, 다시 말해 당태종이 '천카간天可汗'으로 추대된 서기 630년(정관 4), 페르시아인이 훔쳐갔던 예수의 십자가가 다시 예루살렘으로 돌아왔다. 헤라클리우스는 그 성물을 맨발로 지고 성에 들어섬으로써 참된 종인 자신을 하느님이 얼마나 사랑하시는지 증명했다. 하지만 페르시아인은 그 후, 빈번한 내전과 무정부 상태를 겪다가 결국 아랍인에게 멸망되었다.

이교도들은 잠잠해졌지만 기독교 세계는 계속 시끄러웠다.

사실 헤라클리우스가 제국의 존망을 위해 전력을 다하고 있을 때도 기독교의 각 파벌은 한시도 쉬지 않고 입씨름을 벌였다. 논쟁의 초점은 예수 그리스도의 성격에 있었고 논쟁의 원인은 그가 하느님의 아들이면서 성모 마리아가 낳았다는 데서 비롯되었다. 그렇다면 예수는 대체 인간인가, 신인가? 아니면 인간이면서 신인가? 그의 본성은 또 무엇인가? 신성인가, 인성인가? 신성만 있거나 인성만 있는 것인가, 아니면 온전한 인성도 있고 온전한 신성도 있는 것인가?

023 예수는 정말 사람들을 골치 아프게 했다.

그것은 당연한 일이었다. 무형의 하느님이 평범한 인간을 임신시켜 부활할 수 있는 예수를 낳게 한 것 자체가 황당무계했기 때문이다. 하지만 황당무계하기 때문에 믿어야 하고 믿는 수밖에 없다. 이것은 기독교 신학자 테르툴리아누스의 기본 관점으로 신앙의 비밀과 종교의 속성을 시사한다.

그렇다. 신앙이 구태여 이해가 잘 될 필요가 있을까?

종교도 일종의 사유라면 종교가 사유하는 것은 역시 우주의 궁극적인 문제다. 그런데 궁극적인 문제는 사유가 안 되거나 답이 안 찾아진다. 답은 신앙 속에 있을 뿐이다. 답으로서의 신은 이성적 사유의 결과가 아니라 신앙의 직언이다. 신의 존재 자체가 바로 일종의 신앙이고 또 신앙으로 존재하므로 증명할 필요도 증명할 수도 없다.

그래서 누군가 인간이 사유하면 신은 웃는다고 말한 것이다.

따라서 현명한 선택은 논쟁을 포기하고 경건하게 믿는 것이다.

하지만 그것은 매우 어렵다. 사실 황당함은 신앙이 필요하다거나 신앙은 필경 황당하다고 이성적으로 의식하는 것은 테르툴리아누스 같은 사람만이 도달할 수 있는 대단한 경지다. 일반 신도들은 그저 흐리멍덩하게 믿고 싶지 않으면 반드시 위의 문제를 명확히 이해해야만 한다. 교회도 많은 신도에게 설명을 할 책임이 있다. 그러지 못하면 직무 태만이나 다름없다.

교회는 설명을 제공했으며 그 설명은 바로 테르툴리아누스가 서기 **024**

3세기에 제시한 '삼위일체Trinity'다. 이 학설은, 증명이 불필요한 우주의 본체로서 하느님이 유일하긴 하지만 하느님은 동등한 세 위격Person, 즉 지혜로운 생명의 존재 현현을 포함한다고 주장한다. 첫 번째 위격은 조물주, 즉 성부이고 두 번째 위격은 육신으로 화한 구세주, 즉 성자이며 세 번째 위격은 영원히 기독교도의 마음속에 있는 지도적인 사상, 즉 성령이다.

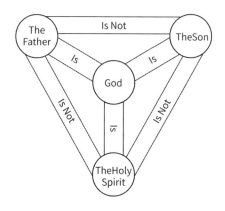

'삼위일체론'의 도해

'삼위일체론'은 성부, 성자, 성령이 하나의 본체이면서 서로 다른 세 위격이라고 주장한다. 쉽게 말하면 하느님은 하나인데 성부, 성자, 성령은 온전한 하느님이다. 하지만 성부는 성자가 아니고 성자는 성령이 아니며 성령은 성부가 아니다.

성부, 성자, 성령이 세 가지 위격을 이루는데도 본체는 하느님 하나뿐이다. 이 하나의 본체, 세 가지 위격을 '삼위일체'라고 한다. 그런데 이런 교리는 머리로 이해해서는 안 되고 오직 신앙으로 받아들여야 한다. 테르툴리아누스는 말하길, "플라톤과 변증법 따위는 집어치워라! 우리가 해야 하고 할 수 있는 유일한 일은 이것 말고는 믿지 않는 것이다!"라고 했다.

그것은 당연히 진정한 신앙이었지만 안타깝게도 트집을 잡은 사람이 있었다. 리비아 출신의 사제 아리우스가 일어나 맞섰다.

"하느님이 몇 가지 위격을 갖고 있든 예수는 신이 아니다. 하느님이 유일한데 또 예수가 신이라고 하면 다신교가 돼버린다."

이 말도 일리가 없다고는 할 수 없다.

하지만 그로 인해 예수의 성격이 다시 삽시간에 문제로 떠올랐다. 만약 예수가 인간이라면 그래도 신성이 있을까? 만약 없다면 어떻게 구세주가 되었을까? 반대로 있다면 그의 인성과 신성은 또 어떤 관계일까?

정통 교리의 견해는 하나의 위격, 두 가지 완전한 본성이었다.

다시 말해 예수는 성자라는 하나의 위격밖에 없어도 인간과 신의 두 가지 완전한 본성을, 완전한 인격과 완전한 신격을 갖는다는 것이었다. 그의 신격은 성부와 동일체이고 인격은 세상 사람과 같기는 해도 원죄는 없다. 그래서 예수는 성부의 독생자로서 두 가지 본성을 지닌 하나의 위격이다.

그러나 단성론파Monophysitism는 동의하지 않았다. 그들은, 본성은 하나일 수밖에 없다고 생각했다. 예수는 인간이었지만 그의 인성은 신성에 완전히 녹아든 상태였다. 그래서 본질적으로 말하면 예수에게는 하나의 본성밖에 없고 그것은 바로 신성이다. 인성만 있다거나 두 본성이 다 있다는 것은 잘 모르고 하는 소리일 뿐이다.

정말로 각자의 주장이 뚜렷해 시비를 가리기가 어려웠다. 가장 좋은 방법은 예수를 놓고서 각자의 학설을 표명하고 상호 인정해주는 것으로 보였다. 어쨌든 다들 기독교도이고 또 로마인이 아니던가. 애국이 선후를 안 가리고 신앙이 파벌을 안 가리면 천하가 태평하지 않을 리 없다.

하지만 그러지 못했다.

그러지 못한 것도 일리가 있다. 아리우스는 사제이자 신학자로서 당연히 자신의 주장이 우세하기를 바랐다. 그리고 로마는 제국으로서 신민의 사상을 통일하려고 기독교를 선택했는데 어떻게 또 그들의 갑론을박을 용인할 수 있었겠는가?

로마 황제는 간섭하지 않을 수 없었다.

다만 콘스탄티누스의 조치는 좀 거칠고 야만적이었다. 그는 주교 회의에서 아리우스파가 정통 관념을 받아들이도록 강제했다. 안 받아들이면 체포해 법에 따라 처벌하겠다고 했다. 그런데 헤라클리우스는 양쪽에 다 잘 보이고 싶어서 절충안을 제시했다. 예수는 인간과 신의 두 가지 본성을 가졌지만 의지는 하나라고 했다. 이것을 '그리스도 단의설 Monothelitism'이라고 한다.

그러면 문제가 해결됐을까?

그렇지 않았다. 논쟁의 쌍방 모두 그 절충안에 만족하지 못했다. 이에 헤라클리우스가 알렉산드리아에 파견한 신임 총대주교는 어쩔 수 없이 거친 조치를 취해야 했다. 그러나 피비린내 나는 진압이 진심 어린 옹호를 끌어내는 것은 불가능했고 콘스탄스 2세의 집정기에 이르러 더 억제하기 힘든 충돌과 비극이 마침내 모습을 드러냈다.

유배된 교황

콘스탄스는 헤라클리우스보다 더 큰 어려움을 겪었다.

이 새 황제는 문성공주文成公主가 티베트에 들어간 해(641년, 당 정관 15)에 정권을 잡았다. 그때 제국의 영토는 이미 아랍인의 침략으로 크게 줄어든 상태였다. 페르시아인에게서 영토를 수복한 지 겨우 6년 만에 알라를 믿는 이슬람군이 기세등등하게 쳐들어오는 바람에 예루살렘과 시리아가 차례로 함락되었고 포로가 된 제국의 장관은 심지어 죽은 낙타의 배 속에 집어넣어져 봉합을 당했다.

아랍인의 갑작스러운 부상은 다음 장에서 다룰 내용이다. 하지만 먼저 확인할 필요가 있는 것은, 아랍인에게는 사람들을 딜레마에 빠뜨린 예수 같은 존재가 없었다는 사실이다. 엄격한 일신교인 이슬람교는 선지자 무함마드가 인간이지 신이 아니라고 명확히 선언했다. 유일한 신은 알라이며 무함마드는 알라의 사도일 뿐이었다. 그래서 이슬람교는 선지자가 도대체 하나의 본성을 가졌는지, 아니면 두 가지 본성을 가졌는지 논쟁할 일이 없었다. 또 그래서 그들은 한마음 한뜻으로 알라의 뜻을 받들어 자신들이 해야 할 일을 해나갔다.

헤라클리우스는 성직자들의 논쟁에 휘둘리면서 자신의 국토가 차례로 적의 수중에 들어가는 것을 빤히 보고 있을 수밖에 없었다. 그가 죽은 지 9개월 만에 알렉산드리아도 이슬람군에 백기를 들었다. 그곳은 비잔티움에서 가장 부유한 상업의 중심지였을뿐더러 그리스 문화의 본거지이자 기독교 세계의 수도나 다름없었다!

제국이 이 지경이 됐는데도 성직자들은 여전히 대국을 못 읽고 논쟁에 여념이 없었다. 이에 황제는 낙심과 분노를 금치 못했다. 서기 648년, 벌써 즉위 7년이 된 콘스탄스는 조칙을 내려 그리스도의 본성과 의지 문제에 관한 논쟁을 금지했다. 그리고 이를 위반한 자는 체벌과 감금을 당하고 나아가 유배형에 처해질 것이라고 선언했다.

콘스탄스의 이 결정은 문제를 근본적으로 종식하려는 것이었지만 뜻밖에도 불난 데 기름을 끼얹는 격이 되었다. 조칙이 반포되고 그 이듬해에 로마 교회와 서쪽 지방이 반기를 들었으며 그 우두머리는 교황 마르티노 1세였다.

그것은 당연히 심각한 일이었다.

당시 기독교는 엄밀한 조직 체계를 갖고 있었다. 그들의 교무 행정구역은 교구라 불렸고 큰 교구는 관구라 불렸다. 그리고 교구를 주관하는 이는 주교, 관구를 주관하는 이는 대주교, 수도나 대도시를 주관하는 이는 수도 대주교, 최고위 성직자는 총대주교라 불렸다. 이른바 교황은 사실상 로마의 주교 겸 로마 관구의 수도 대주교이자 서방 총대주교였다.

로마 주교는 당연히 유일한 총대주교는 아니었다. 하지만 서로마의 황제 발렌티니아누스 3세의 도움으로 스스로를 교회의 최고 수장으로 봉했고 이후 서방 교회들이 점차 최고위 주교로 인정해줌으로써 파파, 즉 교황이라 불리게 되었다.[2]

그런데 당시의 로마 교황은 선거로 추대되기는 했지만, 관례에 따라 역시 로마 황제의 인가가 필요했다. 그 로마가 실제로는 비잔티움이기는 했지만 말이다. 그런데 서기 649년, 그러니까 콘스탄스가 조칙을 반포한 그 이듬해에 로마성의 성직자들이 공공연히 동로마 황제의 권위를 무시하고 임의로 마르티노로 하여금 죽은 교황의 직무를 이어받아 직권 행사를 시작하게 했다.

마르티노도 이를 사양하지 않고 3개월 뒤 주교 회의를 소집했다. 그래서 이탈리아, 시칠리아, 아프리카에서 온 105명의 주교가 한자리에 모여 단성론파와 단의론파를 공동으로 비난하고 성토했다. 마르티노는 그 회의의 정황을 벽화로 그리게 하는 한편, 콘스탄스 황제에게 한 통의 공개서한을 보냈다. 물론 자신들의 결의서를 황제에게 올려 열람하게 하는 한편, 그 사본을 전국에 널리 돌리는 것도 잊지 않았다.

---

2 서기 445년, 로마 총대주교 레오 1세가 '신의 채찍' 아틸라에게서 로마성을 구했다. 그래서 서로마 황제 발렌티니아누스 3세는 그에게 로마 주교의 특권을 부여한다는 칙령을 내렸고 보통 역사에서는 이를 교황의 효시로 간주한다.

확실히 그것은 도발이나 다름없었다. 심지어 최후통첩으로도 받아들여질 만했다.

그때 콘스탄스는 아직 스무 살도 안 돼서 혈기가 왕성했다. 그래서 마르티노가 편지를 통해 제국의 원수에 대한 충성심을 표현했는데도 화를 억제하지 못했다. 일련의 악몽 같은 갈등을 겪은 뒤, 교황은 병상의 몸이었는데도 우악스러운 군인들에 의해 콘스탄티노플로 압송되었고 감금된 지 석 달 만에 제국 법정의 피고석에 섰다.

죄명은 반역이었다.

교황은 태연히 재판에 임했다. 그는 심지어 증인들이 출정할 때 진실만을 말하겠다고 선서할 필요가 없지 않느냐고, 그렇게 하면 거침없이

콘스탄스 2세

비잔티움의 솔리두스 금화로 직경 20밀리미터, 두께 1밀리미터, 무게 4.37그램이다. 앞면에 콘스탄스 2세의 초상이 새겨져 있다. 교황을 유배한 이 비잔티움 황제는 몇 년 뒤에는 또 친동생 테오도시우스를 반역죄로 처형하여 민심을 잃었다. 콘스탄스 2세가 암살된 뒤, 그의 아들 콘스탄티누스 4세가 즉위했다.

이야기할 수 있을 것이라고 건의했다. 또한 이 일을 실행하는 자들을 칭찬하기도 했다. 그들은 대단히 능숙하고 책임감이 투철하며 모든 일에 한 치의 오차도 없어서 진지하고 효과적인 훈련을 받은 게 틀림없다고 평했다.

법적 절차가 모두 끝난 뒤 교황은 황궁의 정원으로 끌려갔고 거기에서 법의가 벗겨진 채 채찍질을 당했다. 젊은 황제는 발코니에서 그 과정을 다 지켜보고 나서 사형을 유배로 바꿔 판결했다. 무측천이 황후로 옹립된 해이기도 한 서기 655년 9월, 전임 교황은 흑해 이북의 크리미아에서 죽었다. 그곳은 한때 문명의 중심이었던 로마와 비교하면 철저히 외딴곳이었다.

마르티노는 유배지에서 겨우 2년을 살았으므로 당연히 콘스탄스의 말로를 보지는 못했다. 그 군주는 고구려가 멸망한 해(668)에 욕실에서 시종에게 살해되었다. 마르티노가 유배되고 15년 뒤의 일이었다.

그런데 나라를 배반한 죄를 뒤집어쓴 순교자로서 마르티노는 세태의 변천을 목도했다. 그의 자리는 즉시 비잔티움 황제가 용인하는 이에게 넘어갔으며 본래 그와 나란히 싸웠던 주교들도 마치 그가 진작에 지구상에서 사라진 듯 더는 그의 고통에 관심을 갖지 않았다. 임종 전에 마르티노가 남긴 말에 따르면 그들은 그렇게 완전히 그를 잊어버려, 그가 지금 살았는지 죽었는지도 아예 알고 싶어하지 않았다고 한다.

033 홀로 외로웠던 마르티노는 어쩔 수 없이 쓸쓸히 죽어갔다.

주교들의 무정함을 꾸짖기는 어렵다. 마르티노가 죽어도 어쨌든 교회는 살아남아야만 했다. 그러려면 콘스탄티노플과 너무 대립하지 않으면서도 동시에 로마의 권위와 독립성을 유지해야 했다. 그런 균형을 유지하기란 결코 쉽지 않았다.

그래서 콘스탄스가 마르티노를 사지로 몰아넣고 심지어 그에게 아랍인과 결탁했다는 누명을 뒤집어씌웠을 때 로마 교회는 부득이 양보해야 했다. 명분상 그들은 아직 비잔티움 제국의 신민이었고 또 기독교 세계가 이미 사분오열되어 동방 교회도 그들의 편이 아니었기 때문이다.

실제로 당시 다섯 명의 총대주교는 각기 로마, 콘스탄티노플, 알렉산드리아, 안티오크, 예루살렘에 있었는데 그중 네 명의 관할 구역은 모두 동방, 즉 소아시아, 이집트, 시리아, 팔레스타인에 있었다. 그 동방 4대 교구 사이에도 의견이 불일치하기는 했지만, 아무래도 문화 전통 등의 면에서 서방과 더 거리감이 있었고 이 때문에 로마는 상당히 스트레스를 받았다.[3]

특히 콘스탄티노플과 갈등이 많았다.

사실 수도 이전 이후로 로마와 콘스탄티노플의 관계는 매우 미묘했고 그 미묘함은 당나라의 장안과 낙양의 관계와는 사뭇 달랐다. 낙양은 제2의 수도일 뿐이었지만 로마는 과거의 수도였다. 한때 세계의 중심이었던 그곳은 100만 인구의 국제도시에서 이미 겨우 몇만 명의 소 034

---

3 이상의 순서는 「제4차 라테라노 공의회 결의」를 근거로 했고 류신리의 『기독교사 12강』을 참고했다. 안티오크와 알렉산드리아를 각기 두 번째와 세 번째로 보는 사람도 있는데, 왕메이슈 등의 『기독교사』를 참고하기 바란다.

도시로 전락했을 뿐만 아니라 철저히 파괴와 유린을 당한 상태였다. 과거의 휘황찬란함은 모두 폐허 속에 묻혔고 숱한 원혼만 남아 어두운 밤에 신음하며 허공을 배회하고 있었다.

그나마 다행히도 아직 교회가 있었다.

실제로 서로마 제국 멸망 후에는 로마성의 위망과 질서, 심지어 시민의 생존까지 모두 교회가 지탱하고 있었다. 교황은 사실상 로마 황제의 책임을 맡고 있었다. 까마득히 멀리 있는 황제는 병졸 한 명도, 돈 한 푼도 보내주지 못했다. 그런데 교황은 무엇 때문에 그렇게 로마를 보전하려 애쓴 것일까?

로마가 다시 제국의 정치적 수도가 될 수 없다는 것을 교황은 스스로 잘 알고 있었지만 종교적 수도의 지위는 놓치지 않으려 했다. 게다가 로마 총대주교인 그들이 보기에 자신들은 예수의 수제자인 성 베드로의 계승자로서 본래부터 그런 숭고한 지위와 절대적 권위를 누려야 마땅했다.[4]

이와 반대로 동방 교회는 시종일관 비잔티움 황제의 통제 아래에 있었다. 그 군주들은 본래 속인인데도 종교회의의 개최를 주재했으며 주교를 임명하고 사제를 벌했다. 그렇게 성속의 권력을 한 몸에 집중하는 것은 원래 사람들에게 용인되기 어려웠다. 만약 그들이 스스로 하느님의 대변인을 자처하고 콘스탄티노플이 로마의 지위를 대신하게 했다면 더더욱 용인받지 못했을 것이다. 카이사르의 것은 카이사르에게, 하느

---

4 로마 교황이 5대 총대주교 중 으뜸이라는 것이 중요한 이유는 그가 성 베드로의 후계자라는 데 있으며 성 베드로는 열두 명의 사도 중 첫 번째다.

님의 것은 하느님에게 돌리는 것이 예수 그리스도의 가르침이자 로마의 한계선이었다.[5]

로마는 안 된다고 해야 했고 또 안 된다고 할 자격이 있었다.

아마도 이것이 마르티노가 분란을 야기한 원인이었을 것이다. 바꿔 말해 로마 교회는 교리의 해석권을 비잔티움 황제에게 양도해서는 안 된다고, 또 삼위일체의 정통 관념으로 기독교 세계의 사상과 신앙을 통일하지 않으면 교회와 하느님의 권위와 존엄을 지키지 못한다고 과거 그 어느 때보다도 절박하게 느꼈던 것이다.

그래서 그때는 로마 교회가 양보를 하긴 했지만 교권과 황권의 투쟁은 멈추지 않았으며 서방과 동방은 결국 헤어질 운명이었다. 또 그래서 비잔티움 황제가 재차 종교 사무에 거칠게 관여해 자신의 주장을 강요하려 했을 때 새로운 풍파가 일어났다.

---

5 카이사르의 것은 카이사르에게, 하느님의 것은 하느님에게 돌리라는 말은 『신약성경』 「마태복음」을 참고.

하느님의 분노

서기 726년, 즉 당현종 개원 14년에 화산이 에게해 해저에서 폭발했다. 뜨거운 용암이 분출되고 거대한 파도가 솟구쳤으며 화산재가 하늘을 온통 뒤덮어 마치 종말의 날이 온 것 같았다.

거의 모든 사람이 놀라서 넋을 잃었다.

전통 사회의 중국인들이 그런 현상을 천벌로 인식한 것처럼 비잔티움인들도 그 화산 폭발을 하느님의 분노로 간주했고 황제는 그것을 더더욱 믿어 의심치 않았다. 그래서 그는 자신이 뭔가를 해야 한다고 생각했다.

그때의 황제는 레오 3세였다. 시리아 출신의 그 퇴역 군인은 서기 717년 3월에 황제가 되었고 당시 제국의 국토는 100년과 마찬가지로 갈가리 찢긴 상태였다. 게다가 그가 즉위하고 얼마 안 돼서 아랍의 해군과 육군이 콘스탄티노플을 향해 쳐들어왔다. 두 무리의 군대가 동쪽에서 소아시아를 관통해왔으며 에게해의 함대도 기세등등하게 다가왔다.

레오 3세는 침착하게 대응했다. 그는 영리하게 불가리아인과 연합 전선을 펼쳤고 발칸반도의 슬라브인도 아랍인을 이웃으로 삼는 대신 비잔티움인과 동맹을 맺기를 바랐다. 황제는 하느님을 향해서도 도움을 청했다. 십자가로 바닷물을 치면서 하느님이 충성스러운 백성을 보우해주시길 빌었다.

결국 718년 여름, 아랍인은 더 싸우기를 포기하고 철수했지만 레오 3세는 기뻐할 수가 없었다. 잃어버린 영토를 되찾을 때마다 백성의 참상이 눈에 띄었기 때문이다. 과거에 번화했던 도시에는 빈민굴이 즐비했고 아름다웠던 건물은 죄다 폐허가 돼버렸다. 아랍인은 이미 비잔티움 제국을 만신창이로 만드는 데 성공했다.

황제는 가슴속에 비분이 가득 찼다.

지금 돌아보면 레오 3세는 틀림없이 경건한 기독교도인 동시에 문제를 사유하는 것을 좋아하는 사람이었다. 그는 수백 년에 걸친 제국의 역사를 성찰하고 민족이 숱한 재난에 시달려온 원인을 탐구했을 가능성이 크다. 그 답은 간단했다. 비잔티움인이 어떤 잘못을 저질러 하느님의 분노를 산 게 분명했다.

문제는 잘못이 어디 있느냐는 것이었다.

화산 폭발이 그에게 힌트를 주었다. 사실 그가 콘스탄티노플 방어전을 치른 718년에도 에게해에서는 똑같은 재난이 발생했다. 그 결과 양쪽 군대 모두 참혹한 피해를 보았으며 아랍인의 함대는 대부분 불타버렸다. 그런데 지금은 이미 아랍인이 물러간 상황인데도 하느님은 분노를 표시했고 비잔티움인에게만 벌을 내렸으니 문제의 원인을 스스로에게서 찾을 수밖에 없었다.

그러면 먼저 아랍인과 비잔티움인이 어떤 차이가 있었는지 알아보자.

가장 큰 차이는 신앙의 굳건함과 순수함에 있었다.

잘 알려져 있듯이 아랍인은 비잔티움인과 유대인처럼 일신교를 믿었다. 일신교의 특징은 유일신을 믿는 것이며 그 신은 하느님이든 알라든 야훼든 모두 형상이 없다. 형상이 없기 때문에 무한하며 또 존재하지 않는 곳이 없고, 못하는 것이 없고, 모르는 것이 없고, "무에서 유가 생기듯" 모든 것을 창조할 수 있다.

그래서 유대교, 기독교, 이슬람교, 이 3대 일신교는 모두 우상 숭배를 반대한다. 이슬람교에서는 심지어 다신 숭배와 우상 숭배를 가장 악랄하고 용서받을 수 없는 죄로 간주해, 위반자는 반드시 불지옥에 떨어지는 벌을 받는다고 생각한다. 무슬림은 이 규정을 엄격히 준수하여 비잔티움의 속주를 점령하면 즉시 동전을 새로 주조했다. 거기에 새겨진 형상을 지우기 위해서였다.

그러나 비잔티움인은 많이 달랐다.

039 초기 기독교도가 유대인의 관습을 따라, 우상 숭배를 금지한 모세

의 율법을 엄격히 지킨 것과 달리 비잔티움인은 서기 6세기부터 성상 숭배를 예사롭게 여기기 시작했다. 수많은 경건한 신도들이 예수와 성모와 성인의 형상 앞에서 기도를 했고 교회 안에도 우상이 가득했다. 그 신도들 중에는 당연히 비잔티움 황제들도 있었고 제국의 수호자 헤라클리우스도 그중 한 명이었다.

성인도 숭배를 받았으니 천사도 당연히 예외가 아니었다. 로마 교회는 심지어 사탄과 싸워 이긴 대천사장 미카엘을 위해 교회를 짓기도 했다. 대천사장 가브리엘도 환영을 받았는데, 그는 옛날에 성모 마리아에게 성령 잉태의 복음을 전했기 때문이다.

그렇게 많은 형상 앞에서 무릎을 꿇어댔으니 우상 숭배, 나아가 다신 숭배의 혐의를 받을 만했고 실제로 무슬림과 유대인에게 줄기차게 비난을 받았다. 그들이 보기에 그런 행위는 이미 이교도와 전혀 다를 바가 없었고 비잔티움의 쇠락은 자업자득이라 할 수 있었다.

레오 3세는 문제가 확실히 거기에 있다고 생각했다. 다시 말해 우상 숭배가 하느님의 노여움을 샀다는 것이었다. 제국을 구하기 위해서는 지난날의 잘못을 철저히 바로잡아야 했다. 그것은 나라와 종교를 사랑하는 자라면 적극적으로 수행해야 하는 역사적 사명이었고 결국 전국적 범위에서 한바탕 대규모 운동이 일어났다.

바로 성상^{聖像} 파괴 운동이었다.

그 운동은 격렬하면서도 신속하게 전개되었다. 예수, 성모, 성인, 천사의 그림과 조각상이 교회와 공공장소에서 철거되었고 그 빈자리에는 십자가, 꽃, 새 같은 관청이 인가한 도안이 채워졌다. 그 변화가 너무나 신속하고 철저했던 까닭에 누군가는 "우리 교회는 이제 과일 가게와 새장이 되었다"고 꼬집어 말했다.

황제는 대단히 만족했다. 하지만 뜻밖에도 그 조치는 하느님의 분노를 가라앉히지 못했을 뿐만 아니라 오히려 신민의 분노에 불을 당겼다. 그들은 성상의 존재가 신도들의 종교적 감정을 응집하는 데 유리하며 민숭민숭한 벽으로는 사람들을 기운 나게 하지 못한다고 지적했다. 더욱이 일반적으로 비잔티움인은 이미 죽은 성인에게 '중보 기도(자기 자신이 아닌 타인을 위해 하는 기도)'를 청하는 게 자기가 기도하는 것보다 더 효과적이라고 생각했는데, 성상 파괴 운동은 그것을 불가능하게 만들었다.

레오 3세는 대중의 분노를 사고 말았다.

그 분노는 그리스 반도와 이탈리아를 석권했다. 특히 레오 3세가 재산세 징수를 두 배로 늘리려 한 이후에 더 그랬다. 몇몇 지역에서는 군대가 반란을 일으키기도 했지만 교황 그레고리오 2세의 만류로 다른 황제의 옹립과 콘스탄티노플로의 진격을 중지했다.

하지만 로마 교회의 태도는 매우 분명했다. 그레고리오 2세는 근본적으로 지적하길, 성상 앞에서 의식을 행하는 것은 숭배가 아니라 존경의 표시일 뿐이어서 황제의 견해는 완전히 시비를 혼동하는 것이라

비잔티움의 성상

6세기에 만들어진 예수와 성인의 화상. 원작은 목판 템페라화이며 가로와 세로 길이는 모두 57센티미터다. 현재 프랑스 루브르 박물관에 소장되어 있다.

고 했다. 나아가 종교 사무에 대한 로마의 지도권을 지키기 위해 이 교황은 단호하게 성상 파괴 운동이 이단이라고 선포했다.

이단 판정은 기독교 내부 투쟁에서 비장의 무기로 통했다. 투쟁 중에 의견이 다른 쪽을 상대하는 가장 간편하고 효과적인 방법은 수중의 권력을 이용해 상대가 이단이라고 선포하는 것이었다. 앞에서 언급한 아리우스파와 단성론파와 단의론파도 그런 취급을 당했고 이번에는 레오 3세가 주도한 성상 파괴 운동의 차례였다.

로마 교회도 옳은 일은 사양하지 않았던 것이다.

레오 3세는 그 답으로 서기 733년 함대를 이탈리아로 파견했다. 아마도 콘스탄스가 마르티노에게 했던 것처럼 교황을 상대하려 했을 것이다. 그때 교황은 이미 그레고리오 3세로 바뀌어 있었다. 이 교황은 전임자보다 훨씬 강경해서 2년 전 회의를 열어 성상 파괴 운동에 찬성한 이들을 교적에서 제명하고 비잔티움에 대한 공금貢金 납부를 중지한 바 있었다.

황제는 당연히 용인할 수 없었다. 그가 보낸 함대가 아드리아해에서 폭풍을 만나 침몰했는데도 그의 고집은 꺾이지 않았다. 보복을 위해 그는 시칠리아와 이탈리아반도 남부를 로마 교구에서 분리하고 그 지역에 대한 교황의 사법권을 콘스탄티노플 총대주교에게 넘겨주었다. 여기에 시칠리아에 있던 교황의 토지까지 몰수했으니 당시 황제의 분노가 얼마나 대단했는지 짐작할 수 있다.

서기 741년, 레오 3세는 부종으로 사망했다. 반대파가 보기에는 그것이야말로 하느님의 분노가 실현된 결과였다. 더욱이 그전에 콘스탄티노플에 지진이 일어나기까지 했다. 비록 같은 해에 비잔티움이 아랍인의 공격을 격퇴하긴 했지만 말이다.

그러나 성상 파괴 운동은 끝나지 않고 계속되었다. 서기 754년, 레오 3세의 계승자인 콘스탄티누스 5세는 회의를 소집해 성상 숭배는 우상 숭배이며 황제는 교회에 관여할 권한이 있음을 선포했다. 회의 이후, 수많은 수도원이 핍박으로 문을 닫거나 병영으로 바뀌었고 사제들이 줄줄이 환속을 당했으며 교회의 막대한 재산도 국가 소유가 되었다. 이에 분노한 로마 교황은 한 치도 물러서지 않고 비잔티움 황제와 그 추종자들에게 파문의 처분을 내린다고 선포했다. 교회의 규율에 따르면 파문 처분을 당한 신도는 다른 신도들 사이에서 고립될 뿐만 아니라 죽고 나서 천당에도 가지 못했다.

황제는 당연히 겁먹을 리 없었지만 나중에 사건은 뒤집어졌다. 성상을 지지하는 두 명의 여성, 즉 여황제 이레네와 황태후 테오도라가 레오 3세의 모든 노력을 수포로 돌아가게 만들었다. 테오도라는 심지어 843년에 동방 교회로 하여금 성상 숭배에 반대하는 이들을 교적에서 제명하게 했다.[6]

하지만 그것은 레오 3세가 죽고 오랜 세월이 지난 뒤의 일이었다. 황제에게 철저히 실망한 교황은 일찌감치 다른 이의 지지를 구하기 시작

---

6 서기 787년, 종교회의는 성상 회복을 명하고 교인들은 성상이 상징하는 신을 경배할 뿐이라고 선언했다. 815년, 종교회의는 또 성상과 우상을 명확히 구분하고 신도들의 손이 안 닿는 곳에 성상을 걸 것을 요구했다.

했다. 그것을 위해서라면 야만족의 머리에 왕관을 씌워주는 것도 마다하지 않았으니, 이로 인해 유럽 역사의 새로운 장이 열렸다.

야만인에게 황관을 씌워주다

교황이 손잡은 야만족은 프랑크인이었다.

프랑크인은 게르만인의 일파였고 게르만인은 고대 로마 제국의 '오호五胡'였다. 그들이 세운 나라들은 중국의 16국보다 오래갔으며 서고트 왕국은 심지어 북위보다도 오래 유지되었다. 하지만 게르만 왕국 중에서 가장 번성하고 발달한 곳은 역시 프랑크 왕국이었다.[7]

이 왕국에 대해서는 앞서 이 시리즈의 12권인『남조와 북조』에서 이미 이야기한 바 있다. 그들은 세 가지 일에 힘입어 성공을 거뒀다. 그것은 바로 봉토제의 수립, 기독교의 수용 그리고 로마화의 실현이었다. 결국 프랑크 왕국은 강력한 봉건 왕국으로 변모해 이슬람의 유럽 진출을 막는 방패 역할을 했다.

그러나 로마 교황은 허약했다.

사실상 서로마 제국이 멸망한 뒤로 가련한 로마는 거의 외로운 성이

---

7 게르만 왕국이 존재했던 시간은 다음과 같다. 동고트 왕국은 62년(493~555) 만에 비잔티움 제국에 의해 망했고 부르군트 왕국은 77년(457~534) 만에 프랑크 왕국에 의해 망했으며 반달 왕국은 95년(439~534) 만에 비잔티움 제국에 의해 망했다. 그리고 서고트 왕국은 295년(419~714) 만에 아랍 제국에 의해 망했다.

되고 말았다. 콘스탄티노플은 너무 멀리 있고 제 앞가림을 하기도 바빴던 탓에 교황은 어쩔 수 없이 스스로 자금을 마련해 군사를 키우면서 야만족 출신의 롬바르드인에게 뇌물을 바쳐야 했다. 그들은 지척에서 호시탐탐 로마를 노렸다.

안사의 난이 일어나기 전해인 서기 754년, 마침내 롬바르드인이 로마를 공격해왔다. 교황 스테파노 2세는 롬바르드 왕국에 뇌물을 줘도 통하지 않고 비잔티움 황제에게 구원을 청해도 소용이 없자, 어쩔 수 없이 맨발로 예수의 성상을 몸에 단 채 사제와 신도들을 데리고 행진하며 신에게 기도를 올렸다. 그러다가 결국 그 방법도 효과가 없음이 밝혀졌을 때 교황은 역사적인 한 걸음을 내디뎠다.

그렇다. 그는 프랑크 왕국에 도움을 청하기로 결정했다.

그때 프랑크 왕국의 집권자는 피핀이었다. 난쟁이 피핀은 카를 마르텔의 아들로서 직위는 궁재宮宰였다. 궁재는 본래 궁정의 총관이었지만 카를 마르텔의 시대에는 이미 실질적인 집권자가 되어 있었다. 사실 카를 마르텔은 프랑크 왕국의 조조 같은 인물로서 봉건제를 수립한 것이 최대 업적이었으며 아랍인의 공격을 격퇴하여 마르텔(망치)이라는 칭호를 얻었다. 그래서 피핀도 스스로 조비가 되기를 바랐다.

서기 751년, 귀족 회의의 절차에 따라 프랑크 왕국의 허수아비 국왕은 피핀에게 왕위를 선양했으며 당시의 교황은 이에 대해 축복을 표시하고 사자를 보내 신임 국왕에게 도유식(머리나 몸의 일부에 기름을 바르는

종교 의식)을 행했다. 신성한 액체가 피핀의 머리에 부어지던 그날, 아무
도 새로운 시대가 이미 도래했음을 알지 못했다.

우선은 교황령이 탄생했다.

교황령은 사실 피핀의 사례 표시였다. 그것은 전임 교황이 사람을 보
내 도유식을 베풀어주었기 때문만이 아니라, 신임 교황 스테파노 2세
가 찬바람과 폭설을 무릅쓰고 알프스산을 넘어 그의 눈앞에 나타났기
때문이었다. 그것은 로마 교황청이 생긴 이래 최초로 교황이 프랑크인
의 국토에 발을 디딘 사례였기에 야만족 출신의 그 왕은 당연히 놀라
고 감동하지 않을 수 없었다.

사실 교황은 도움을 청하러 간 것이었으며 마침 피핀도 도움을 주
고자 했다. 그의 민족은 차별을 받았고 그의 왕위도 앞날이 불투명했
다. 그래서 명분이 필요했으며 그보다 더 하느님의 축복이 필요했다. 이
때문에 왕위를 찬탈하기 전, 피핀은 사자를 로마에 파견해 교황에게
대체 누가 국왕이 돼야 하는지 가르침을 청했었다.

교황은 자신의 권위를 세울 수 있는 절호의 기회가 왔음을 즉각 깨
달았다. 그것은 자신에게 군주를 세우고 폐할 특권이 있음을 의미했다.
스테파노 2세는 당연히 누구보다도 그 손익을 잘 알았으며 그래서 친
히 피핀을 위해 다시 대관식을 열어주고 하느님이 그에게 프랑크 왕국
을 하사했음을 선언했다. 동시에 그의 두 아들에게는 로마 귀족의 칭호
를 선사했다. 그렇게 해서 새로운 두 귀족에게도 성스러운 도시를 지킬 **048**

의무가 생겼다.

감지덕지한 피핀은 답례를 하기로 마음먹었다. 754년과 756년, 그는 군대를 이끌고 두 차례 남하해 롬바르드인을 만신창이로 만들어 완전히 굴복시켰다. 그리고 롬바르드인이 토해낸 땅을 교황에게 아낌없이 선물해 이탈리아의 방대한 토지를 로마 교회에 귀속시킴으로써 정교일치의 교황령이 세워지게 했다.

그것은 당연히 비잔티움이 바라던 결과가 아니었다. 그들이 보기에 그 땅은 제국의 것이지 교회의 것이 아니었다. 하지만 교황은 때맞춰 위조된 게 분명한 문서를 내놓고서 지난날 콘스탄티누스 대제의 약속을 실현한 것일 뿐이라고 주장했다. 그 거짓말에 대해 콘스탄티노플은 침묵할 수밖에 없었다. 교황을 노하게 하든 피핀을 노하게 하든 모두 현명한 선택이 아니었기 때문이다.

이어서 카롤루스 제국이 등장했다.

카롤루스 제국은 피핀의 아들 카롤루스가 건립했다. 이 군주는 재위 46년간 53차례나 정벌에 나서 롬바르드 왕국을 멸하고, 아랍인을 격퇴하고, 색슨인을 정복하고, 아바르인을 패배시켜 영토를 거의 두 배로 확장했을 뿐만 아니라 점령지의 백성을 모두 기독교에 귀의하게 했다.

카롤루스는 더 이상 국왕으로 만족하지 않았다. 더구나 그가 다스린 왕국의 판도는 오늘날의 프랑스, 독일, 네덜란드, 벨기에, 오스트리아, 이탈리아 그리고 스페인의 일부를 전부 포괄했으니 거의 제국이라 해도 무방했다.

새로운 대관식이 열릴 게 확실했다. 단지 시기가 문제였다.

그 시기는 금세 다가왔다. 서기 799년, 교황 레오 3세가 민심을 잃고 로마 귀족에게 폐위되어 혈혈단신 프랑크 왕국으로 가서 카롤루스에게 몸을 의탁했다. 카롤루스는 레오 3세가 폐위된 원인 중 하나가 자신과 너무 가까웠기 때문이라는 것을 잘 알고 있었다. 그래서 이듬해, 그는 친히 군대를 이끌고 교황을 호송해 로마에 데려다주고 다시 성좌에 앉게 도와주는 한편, 긴긴 겨울을 로마에서 교황과 함께 지냈다.

교황은 은혜를 갚기로 결심했다.

서기 800년의 크리스마스 저녁, 로마 시내의 성 베드로 대성당에 환히 불이 켜졌으며 장엄하고 엄숙한 찬송의 시가 둥근 천장에 메아리치고 있었다. 이때 카롤루스는 무릎을 꿇고 기도를 올리고 있었다. 그런데 교황이 살며시 다가가 그의 머리에 아름다운 황관을 씌워주었고 동시에 사제와 신도들이 입을 모아 환호했다.

"카롤루스 아우구스투스, 하느님이 정하신 위대하고 온유한 황제이시여, 만수무강하소서!"

이렇게 또 한 명의 로마 황제가 탄생했다.

카롤루스는 급작스럽게 일어난 극적 상황에 어리둥절했다. 심지어 로마인들의 환호를 제지하려고까지 했다. 미리 그에게 교황의 계획을

성 베드로 대성당

콘스탄티누스 대제가 326~333년에 처음 건립했지만 나중에 전란으로 훼손되었다. 16세기에 중건할 때 공사 기간이 무려 120년에 달했다. 이탈리아에서 가장 훌륭한 건축가였던 미켈란 젤로, 자코모 델라 포르타, 브라만테, 카를로 마데르노 등이 차례로 설계와 시공을 주관하여 1626년 11월 18일 완공되었다.

귀띔해준 사람이 없었던 것이 분명했다. 그래서 본래 그 황관을 몹시 바랐는데도 불구하고 그는 잠시 어찌할 바를 몰랐다.

어쨌든 프랑크 왕국은 이제 카롤루스 제국으로 변했다. 단지 이 이름은 비잔티움 제국처럼 후대에 붙여진 것이고 그 당시에는 로마 제국이라 불렸다. 다시 말해 이때부터 하늘 아래에는 다시 두 개의 로마 제국과 두 명의 로마 황제가 생겼다. 마치 동로마와 서로마 때처럼.

그런데 왜 프랑크가 아니고 로마였을까?

세 가지 원인이 있었다.

우선 중국의 오호가 모두 스스로를 화하華夏와 동일시하고 정권 수립 후 중화의 황제로 자칭한 것처럼 그 당시 그리스인과 게르만인도 한때 로마 문명권에 살았거나 기독교를 믿기만 하면 스스로를 로마와 동일시했다. 동일시하지 않은 것은 페르시아나 아랍인 같은 권역 밖의 민족이었다. 이를 보면 로마는 세계에 영향을 끼친 위대한 문명으로서 고유한 전통과 맥락을 갖고 있었다고 할 수 있다.

그다음으로, 로마 문명권에서는 누구든 아우구스투스라는 칭호를 얻어야만 비로소 황제가 되고(카이사르는 부제副帝를 가리키는 칭호였다) 그의 나라도 비로소 제국이 되었다. 그렇지 않으면 그는 국왕, 그의 나라는 왕국이라고 불릴 수밖에 없었다. 마치 호인들의 우두머리는 카간, 그들의 나라는 칸국이라고 불릴 수밖에 없었던 것처럼 말이다. 원수가 아우구스투스라고 불리지 못한 파르티아와 아랍도 제국이라 불리지 못했으니, 역시 로마인이 인정하지 않았기 때문이다. 마치 수양제가 일본 천황을 황제로 생각했을 리 없었던 것과 마찬가지였다.

셋째, 아우구스투스라는 그 칭호는 중국의 천자와 유사했다. 천자라고 불린 이들은 모두 중국의 황제였고 아우구스투스라고 불린 이들은 당연히 모두 로마의 황제였다. 부제의 칭호인 카이사르도 계속 사용되어서 러시아의 차르가 바로 카이사르라는 뜻이었다. 그때는 아우구스투스나 카이사르가 라틴어를 쓰는지, 아니면 슬라브어를 쓰는지는 이미 중요하지 않았다. 생각해보면 비잔티움인은 그리스어를 쓰지 않았던가?

그래서 교황이 카롤루스에게 황관을 씌워주고 그를 아우구스투스라고 부른 것에는 범상치 않은 의미가 있었다. 그것은 프랑크인이 로마 문명권에 속하고 로마 세계의 리더가 될 수 있음을 뜻했을 뿐만 아니라, 만약 교회가 어떤 황제를 따라야 한다면 로마가 충성을 다할 대상은 비잔티움이 아니라 프랑크인이라는 의향을 분명히 나타냈다. 비록 두 제국의 황제가 실은 다 로마인이 아니기는 했지만 말이다.

이에 비잔티움인들은 대단히 낙담하고 괴로워했지만 역시 현실을 받아들일 수밖에 없었다. 그래서 많은 이가 야만인과 외국인은 황제의 자리에 안 어울린다고 고집하는데도 콘스탄티노플은 거듭된 조율을 거쳐 결국 카롤루스의 칭호를, 그도 '로마인의 황제'임을 인정했다.[8]

053   그 후로 두 '로마 제국'은 각자의 길을 걸었다. 카롤루스 제국은 프랑

---

8 카롤루스의 제호帝號를 인정한 비잔티움 황제는 미카엘 1세였고 시점은 서기 811년 혹은 814년으로 역사적으로 이견이 존재한다.

스, 독일, 이탈리아라는 세 개의 새로운 국가를 길러냈고 비잔티움 제국은 궁지에서 벗어나 부흥을 이루었다. 이제 우리는 시선을 아랍으로, 힘차게 부상하던 그 새로운 제국, 새로운 종교, 새로운 문명으로 돌려야 한다. 그들의 내력을 밝혀야만 당나라를 더 잘 이해할 수 있기 때문이다.

제2장

아랍

무아위야는 무슬림 최초의 해군을 수립했고,
또 아랍 제국 최초의 왕조를 수립했다.
그는 죽은 칼리파의 피 묻은 옷을 깃발로 삼았을 때,
그 깃발의 색깔이 바뀔 것이라고는 생각하지 못했다.

반도

해풍이 불어오는 비잔티움과 달리 아랍 제국의 탄생지는 척박하고 황량했다. 세계에서 가장 큰 반도로서 홍해, 아라비아해, 페르시아만, 오만만으로 둘러싸인 그곳은 약 320만 제곱킬로미터의 땅에 영구적인 하천이 한 군데도 없고 대부분 자갈밭, 용암 지대, 사막 또는 광야로 이뤄져 있다. 건조하고 뜨거운 초원에는 낙타를 먹일 수 있는 관목 수풀이 자라 있고 농경에 적합한 오아시스는 새벽 별처럼 드물다.[1]

그래서 아라비아반도는 이집트와 메소포타미아(티그리스강과 유프라테스강 유역) 사이에 끼어 있는데도 조물주에게 잊힌 듯했다. 메소포타미아 문명과 이집트 문명이 몰락하고 오랜 세월이 지난 뒤에도 그곳에는 사람의 눈길을 끌 만한 움직임이 없었고 그저 낙타 방울 소리만 울려 퍼졌다. 아마도 알라를 제외하고는 새조차 들르지 않는 그곳에 세계에 영향을 끼칠 위대한 문명이 일어나리라고는 그 누구도 상상조차 못했

---

1 이 장에 서술된 역사적 사실은 『중국대백과전서·민족권』(제1판), 『중국대백과전서·종교권』(제1판), 런지위任繼愈 주편의 『종교사전宗教詞典』, 미국 타임라이프 북스의 『타임라이프 세계사』 제7권, 스타브리아노스의 『전 세계 통사』, 로빈 도악의 『이슬람의 세계제국』, 윌리엄 무어의 『아랍 제국』, 다비드 A. J. 압둘라의 『이라크사』, 하네다 마사시의 『이슬람 세계』 개념의 형성, 무함마드 후저리의 『무함마드전』, 진이주金宜九 주편의 『이슬람교』와 『이슬람교 문화 150문제』, 하취안안哈全安과 저우수칭周術情의 『칼리파 국가의 부침』을 참고했다.

을 것이다.

그것은 기적이었다.

새로운 문명의 창조자는 아랍인의 일파인 베두인인이었고 그 뜻은 '황야의 유목민'이었다. 그들은 유럽 인종의 지중해 유형에 속했고 주로 낙타, 말, 양을 사육하여 살았으며 매년 주기적으로 정해진 노선을 따라 옮겨 다녔는데 유목의 거리가 항상 1000킬로미터가 넘었다. 그리고 소수의 운 좋은 오아시스 거주민만이 보리, 밀, 멜론, 대추야자를 재배하거나 상업과 수공업에 종사했다. 그래서 대추야자와 낙타가 그 반도의 가장 특색 있는 풍경과 상징이 되었다.

이 점을 알고 나면 이슬람 문화가 왜 그렇게 녹색을 좋아하고 친근히 여기며 천국을 숲이 우거진 낙원으로, 또 지옥을 불지옥으로 묘사하는지 이해하기 어렵지 않다. 그렇다. 그 반도는 가장 더운 곳이 여름에 섭씨 50도가 넘으며 사막의 표면 온도는 무려 섭씨 70도 이상이다. 그런 곳에 사는 사람들이 푸르른 숲을 동경하지 않을 리 없다. 확실히 베두인인의 생활 조건은 너무나 열악했다.

그나마 다행히도 헤자즈가 있었다.

헤자즈는 북쪽의 요르단에서 시작되어 메카와 메디나를 지나 남쪽의 예멘에 이르는 상업과 무역의 통로로서 예로부터 유럽과 아시아를 연결해왔다. 홍해에 면한 헤자즈 산맥을 배경으로 하여 마치 홍해처럼 좁고 긴 형태를 띠고 있다. 범선에 실린 동방의 상품들, 이를테면 인도

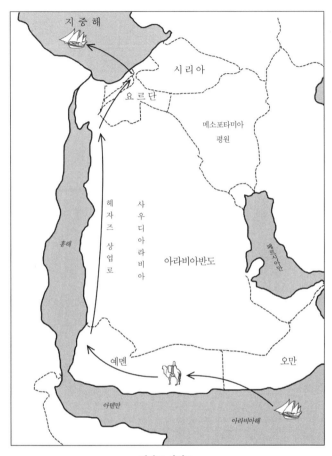

지중해

시리아

요르단

메소포타미아
평원

헤
자
즈
상
업
로

사
우
디
아
라
비
아

아라비아반도

홍해

페르시아만

예멘

오만

아덴만

아라비아해

헤자즈 상업로

동방의 먼바다에서 온 상품은 우선 범선으로 예멘에 닿은 뒤, 낙타에 실려 헤자즈 상업로를 따라 시리아와 지중해 해안까지 이동하고 나서 다시 유럽으로 보내졌다. 길에 접한 도시와 대형 상단이 출현함에 따라 헤자즈 상업로도 전성기를 맞이해 당시 아시아와 유럽을 연결하는 주요 통로가 되었다.

와 중국의 보석, 향료와 비단 같은 사치품들이 아랍의 해운을 통해 예멘에 도착한 뒤, 비잔티움과 페르시아인의 전쟁을 피하기 위해 종종 육로로 시리아와 지중해 해안까지 이동하고 나서 다시 유럽으로 보내져 비싼 값으로 팔렸다.

이 길은 그야말로 '횡재의 길'이라 불릴 만했다.

더욱이 반도의 남부가 유향과 몰약의 생산지이기도 했다. 향료와 고약으로 쓰이는, 이 두 가지 감람과 식물의 수지樹脂는 오래된 여러 문명국에서 지극히 중요하게 취급되었다. 그것들로 히브리인은 신에게 제사를 지내고 미용과 치료를 했으며 로마인은 화장火葬을 할 때 풍기는 악취를 제거했다. 그리고 이집트인은 가장 좋은 미라를 만들 때 사용했다. 이런 까닭에 유향과 몰약은 황금 몇 근의 값어치와 맞먹었다.[2]

유향과 몰약이 있고 또 헤자즈 상업로가 있었기에 낙타를 기르던 베두인인은 손쉽게 유목 민족에서 반유목, 반상업 민족으로 변신했다. 세력이 강한 부족이 상단을 조직했으며 위는 헐렁하고 발목은 딱 붙는 바지를 입고 허리에 둥근 칼을 찬 무사를 길잡이 겸 호위병으로 삼았다. 그것은 낙타를 타고 먼 길을 다니는 데 익숙한 그들에게는 별로 어렵지 않은 변신이었다.

상단은 규모가 꽤 컸다. 많을 때는 사람이 300명, 낙타가 2500마리에 이르렀는데, 아마도 낙타 1000마리 정도가 표준이었을 것이다. 그렇게 위풍당당한 행렬이 기나긴 여정을 소화해야 했으니 안전을 기해

---

2   기독교의 전설에서 세 명의 동방 박사가 아기 예수에게 준 선물은 황금과 유향과 몰약이다. 『신약 성경』 「마태복음」을 참고.

야 했을 뿐만 아니라 가는 내내 보급도 필요했다. 전자는 상단을 무장 집단으로 변모시켰고 후자는 도시 경제의 생성을 촉진했다. 그리고 그 도시들은 독특한 호칭을 갖고 있었다. 학계에서는 그것들을 딱 어울리게 '대상隊商 도시'라고 불러왔다.[3]

대상 도시는 유대인의 개간지였던 경우가 일부 있기는 했지만 주로 상업 기지에서 발전했다. 사실 오아시스의 촌락은 본래 유목민이 농산품을 조달하던 농장이었으므로 상단의 중계 기지 겸 보급 기지로 변신하는 것은 그리 어려운 일이 아니었다. 그러다가 수요의 증가로 인해 여관, 상점, 공방, 시장의 거대한 집합체가 되었을 때 그것은 도시로 바뀌었다.

그런 도시는 당연히 규모가 제한적이었지만 아랍인에게는 의미가 컸다. 이 시리즈 2권 『국가』에서 지적한 것처럼 유사 이전과 문명의 경계 구분은 국가에 있었고 국가의 지표는 도시에 있었다. 다시 말해 어떤 민족이 일단 도시를 세우면 머지않아 그들의 국가와 문명이 탄생했다.

더욱이 상업로의 도시는 한두 곳이 아니었다. 상단이 여행을 멈추고 휴식을 취하며 신과 안장을 사고 가죽 부대에 물을 채우는 기착지로서 그것들은 마치 고대 이집트의 폴리스인 노모스처럼 남쪽부터 북쪽까지 쭉 이어져 있었다. 단지 노모스를 진주처럼 줄줄이 이어놓은 것은 나일강이었고 대상 도시를 연결한 것은 헤자즈였다. 하천이 아니라 상업로가 역사를 창조한 것이 바로 이슬람 문명의 독특한 점이다. 온

---

3 대상 도시의 개념은 진이주 주편, 『이슬람교』를 참고.

갖 비밀이 모두 그 안에 담겨 있다고까지 말할 수 있다.

다음으로 메카에 관해서 알아보기로 하자.

무함마드의 출생지이자 이슬람교의 발흥지인 메카는 과거에는 전혀 오늘날 같은 모습이 아니었다. 당시 보잘것없었던 그 작은 읍은 건조하고 모래투성이인 '작물이 없는 산골짜기' 안에 자리했고 황량한 민둥산에 첩첩이 둘러싸여 있었다. 그리고 거주 지역에는 돌멩이나 햇빛에 말린 벽돌을 쌓아 지은 단층집들이 빽빽이 들어차 있었다. 읍 한가운데의 널찍한 광장에 있는 성스러운 샘과 신전만이 장차 그곳이 범상치 않은 곳이 되리라는 것을 암시했다.[4]

그 샘과 신전은 바로 잠잠과 카바였다.

카바는 입방체를 뜻했다. 네모난 상자 모양의 그 건축물이 신성했던 까닭은 그 안에 검은 운석이 들어 있기 때문이었다. 그것은 천상에서 떨어진 성물로 여겨졌고 인류의 시조가 놓아둔 것이라고들 했다. 그리고 카바 옆에 있는 잠잠도 마찬가지로 평범치 않았다. 그것은 아랍인의 선조가 조물주의 명을 받들어 팠거나 심지어 발로 밟아 생긴 것이라고들 했다.[5]

신기하고 신성한 검은 운석과 샘으로 인해 메카는 이슬람교의 첫 번째 성지가 되기 전에 이미 아랍인의 순례지가 되었고 덕분에 평화를 유지하기도 했다. 수문제 개황開皇 6년, 그러니까 무함마드가 16세였던 서기 586년 이후로 메카는 각 부락의 협의에 따라 싸워서는 안 되는

---

4 메카를 '작물이 없는 산골짜기'라고 한 것은 『코란』 14장 37절을 참고. 이 책의 『코란』 인용은 모두 마젠馬堅의 번역본(중국사회과학출판사, 1996)을 참고했다.
5 잠잠에 관해서는 여러 견해가 있지만 여기서는 논하지 않겠다.

금지禁地로 정해졌고 그 관리와 질서 유지의 감독권은 쿠라이시인에게 주어졌다.[6]

쿠라이시의 본래 뜻은 돈 또는 상어지만 어느 뜻이든 이 부족에게는 잘 맞았다. 실제로 그들은 베두인 중의 리더격으로서 전 부족민이 장사와 축재에 능했다. 그들도 본래는 유목과 약탈이 생업이었지만 헤자즈가 '횡재의 길'이 되자마자 즉시 칼을 내려놓고 낙타 임대와 상단 호송으로 전업해 부를 쌓으면서 메카에 정착한 상업 전문 부락으로 발전했다.[7]

상업 부족이 된 쿠라이시인은 의심의 여지 없이 장사 수완이 뛰어났다. 그들은 메카를 헤자즈 상업로의 대상 도시로 만드는 데 성공했을 뿐만 아니라, 그 도시의 순례 중심지로서의 지위를 훌륭하게 지켜내는 한편 금지와 라마단의 관례를 이용해 크게 활약을 펼쳤다. 싸움이 금지된 달에 그들은 순례하러 와서 교역을 하는 중서부 아랍인들에게 갖가지 편의를 제공했고 1년에 한 번씩 우카즈 장터를 열기도 했다. 이 장터는 오늘날의 무역 포럼이나 상품 전시회에 해당한다.

메카는 나날이 번영했다.

번영하는 메카는 사방에서 손님을 끌어모았다. 소박한 성전에서 경건한 기도를 올리러 온 사람도 있었고 다채로운 시장에서 공정한 거래를 하려고 온 사람도 있었다. 어쨌든 선지자가 하늘의 계시를 선언하기 전에 메카는 이미 반도의 상업의 중심지 겸 종교의 중심지가 되어 있

---

6 메카가 금지가 된 역사적 사실은 런지위 주편, 『종교사전』을 참고.
7 진이주 주편, 『이슬람교』에서는 쿠라이시라는 말의 본래 뜻이 상어이며 아마도 오래된 토템 숭배에서 기원하여 나중에 "부를 모으고 무역에 종사해 이윤을 취한다"는 뜻이 생겼을 것이라고 말한다. 쿠라이시가 돈을 뜻한다는 견해는 여기서는 논하지 않겠다.

서기 6세기의 메카

었다. 엄밀히 말하면 그때의 메카는 아직 순례의 중심지에 불과했지만 진정한 종교 중심지가 되는 것은 시간문제였다.

이 점은 주로 정치 중심지였던 중국의 도읍과는 달랐고 또 주로 상업 중심지였던 그리스의 폴리스와도 달랐다. 그래서 탄생한 것은 당연히 중국식의 대륙 농업문명일 수도, 그리스식의 해양 상업문명일 수도 없었다. 이 두 가지 이외의 세 번째 문명인 유목 상업문명이었다.

사실상 이슬람 문명의 씨앗은 베두인인의 유목에서 상업으로의 화려한 변신과 두 중심지였던 메카의 이중적 성격 그리고 상업로를 통한 유대교와 기독교의 전파 속에서 길러졌다. 이는 아라비아반도가 창조적인 힘을 응집하게 했고 또 이슬람교가 세계 종교로 발흥하는 것을 가능하게 했다. 비록 이 역사적 사명이 완수되려면 아직 또 다른 도시의 역할이 필요하기는 했지만 어쨌든 새로운 문명이 벌써 탄생을 목전에 두었다.

이제 필요한 것은 단지 한 사람의 선지자 또는 길잡이였다.

우리는 그가 무함마드였음을 알고 있다.

선지자

어떤 위엄 있는 목소리가 하늘에 메아리쳤다.

"낭독하라!"

"못합니다."

그 목소리를 들은 사람이 말했다.

그것은 거짓이 아니었다. 일자무식인 그는 정말로 뭘 낭독해야 할지 몰랐다.

"낭독하라!"

위엄 있는 목소리는 계속 명했다. 그와 동시에 명을 받은 사람은 보이지 않는 손에 꽉 쥐어진 듯 거의 숨이 쉬어지지 않았다. 하지만 기진맥진해지고 나서 몸이 풀렸을 때 그는 또 기어들어가는 목소리로 말했다.

"못합니다."

이에 같은 명령과 동작이 두 번째로, 그리고 또 세 번째로 반복되었다. 마지막에 위엄 있는 목소리는 똑똑히 그에게 알렸다.

"너는 네 창조주의 명의로 낭독해야 한다. 그는 옛날에 핏덩이로 인간을 창조했다고. 너는 낭독해야 한다. 너의 주는 가장 존엄하며 옛날에 인간에게 글을 쓰게 하고 인간이 몰랐던 것을 알게 해주었다고."[8]

이 말을 듣고 그 사람은 온몸을 떨었다.

그때는 서기 610년 2월의 어느 밤이었다. 아랍의 전통 역법과 훗날의 이슬람력에 따르면 2월이었다. 장소는 메카 북쪽의 히라산 동굴이었으며 말한 사람은 천사 지브릴(기독교의 대천사장 가브리엘을 아랍식으로 읽은 것이다)이었고 천사를 만난 사람은 당연히 무함마드였다.

중국의 성인인 공자와 마찬가지로 이슬람교의 위대한 선지자 무함마드도 몰락한 귀족 가문 출신이었다. 그의 할아버지는 과거에 메카의 성스러운 샘, 잠잠의 관리자였지만 그의 아버지는 장삿길에 타향에서 객사하면서 아내에게 겨우 낙타 다섯 마리와 양 떼 그리고 에티오피아 여자 노예 한 명만을 남겼다.

메카에서 유복자로 태어난 무함마드는 사막의 어느 베두인인 가정에 맡겨졌다가 다섯 살이 돼서야 어머니의 곁으로 돌아왔다. 하지만 불행히도 그의 어머니와 할아버지는 곧 차례로 세상을 떴고 고아가 된 그는 어쩔 수 없이 어린 나이에 큰아버지를 따라 외지로 장사를 나갔다. 그나마 다행이었던 것은 고단한 생활과 험겨운 여정이 그에게 건강한 체력을 준 것이었다. 부지런하고 배우기를 좋아했던 그는 그로 인해

068

---

8   이 단락의 역사적 사실은 무함마드 후저리의 『무함마드전』을 근거로 하며 미국 타임라이프 북스의 『타임라이프 세계사』 제7권을 참고했다. 인용문은 『코란』 96장 1~5절을 참고했다.

한층 더 견식을 넓힐 수 있었다.

그것은 실로 "하늘이 장차 큰일을 맡기기 위한" 예비 과정이었다.

성년이 된 후의 무함마드는 여러모로 탁월해 보였다. 잘생긴 이목구비에 속눈썹이 길고 눈빛이 깊었으며 내딛는 발걸음은 안정되고 침착했다. 인품도 고상해서 부지런히 일하고 진실하게 남을 대했으며 약속한 일은 반드시 지켰다. 그는 비록 정규 교육은 받지 못했지만 사람들의 존경을 받아 아민이라는 별명을 얻었다. 그것은 '믿을 만한 사람'이라는 뜻이었다.

더 운이 좋았던 것은 그가 하디자와 결혼한 것이었다.

하디자는 쿠라이시 귀족의 과부였으며 40세에 무함마드와 결혼했다. 그때 무함마드는 25세였고 본래 그는 하디자의 피고용인이었다. 결혼 후 하디자는 '회사'를 남편에게 넘기고 관리하게 했는데, 그것은 무함마드를 부유하고 책임 있는 위치로 올려주고 훗날 그가 아랍인의 정신적 리더이자 정치적 리더가 되기 위한 기초를 다져주었다.

가난과 잡무에서 벗어난 무함마드는 비로소 생각을 하기 시작했다. 그가 보기에 메카와 쿠라이시인은 이미 타락한 상태였다. 그들은 부를 축적하는 동시에 도덕을 저버렸고 그 바람에 사회 전체에 욕망이 흘러넘쳤다. 탐욕이 용감함을 대신해 비열한 자의 통행증이 되었으며 충실함은 오히려 고귀한 자의 묘지명이 되었다. 또 신성한 카바의 전당 안에는 360기의 우상이 득시글했고 잡상인들이 부끄러운 줄도 모른 채

갖가지 부적과 장난감을 팔아댔으니, 실로 신에 대한 모독과 조롱이 아닐 수 없었다.

이것은 일종의 배반이라고 무함마드는 생각했다.

그래서 40세 이전에 이 미래의 선지자는 아랍력 9월인 라마단만 되면 혼자 히라산의 동굴에 들어가 기도를 올렸고 그러다가 결국 천사 지브릴이 강림한 것이었다. 그때 그는 처음으로 하늘의 계시를 받았으며 이슬람 사학자들은 그날 밤을 '고귀한 밤' 또는 '권한을 받은 밤'이라고 부른다.

다시 말해 그때부터 그는 선지자가 되었다.

하지만 이 선지자는 아직 마음의 준비가 안 돼 있었던 것 같다. 그는 안절부절못하며 종종걸음으로 집에 돌아왔고 부들부들 떨면서 네 명의 딸과 두 명의 아들을 낳아준 현숙한 아내에게 말했다.

"어서, 어서 나를 담요로 감싸주오!"

그러나 하디자는 차분했다.

남편의 기이한 체험을 다 듣고서 훗날 '신자의 어머니'라고 불린 이 지혜로운 여인은 자신의 사촌 오빠에게 가르침을 청하기로 결정했다. 그 사람은 일찌감치 기독교에 귀의했을 뿐만 아니라 히브리어에도 정통한 인물이었다. 결국 그 현자는 무함마드가 하늘의 계시를 받은 것이라고 설명했다. 유일신이 과거에 선지자 모세와 예수 그리스도에게 그랬던 것처럼 이번에는 무함마드에게 계시를 내렸으니 무함마드는 반드시 순종해야 한다고 했다.

그렇다면 당연히 순종해야 했다!

무함마드는 결심하고 사명을 받아들였다. 물론 천사 지브릴은 그 후로도 여러 차례 강림하여 그에게 계시를 내렸으며 그 계시들이 바로 이슬람교의 가장 핵심적인 기초를 이루었다. 즉, 알라 외에 다른 신은 없고 무함마드는 알라의 사도라는 것이었다. 이 교리를 받아들여 알라를 숭배하고 선지자를 공경하는 사람이 바로 '무슬림Muslim'이다.

최초의 무슬림은 하디자와 선지자의 친구들이었다. 선교는 처음에는 비밀리에, 나중에는 공개적으로 이뤄졌다. 무함마드가 그렇게 한 것은 알라의 명령을 받았기 때문이었지만 쿠라이시 귀족의 배척과 박해를 면치 못했다. 그들은 낡은 질서의 기득권자였고 무함마드의 여러 주장은 확실히 그들의 이익에 위협이 되었다.

선지자는 야스립으로 옮겨 가기로 결정했다.

야스립도 헤자즈 상업로의 대상 도시였다. 메카에서 북쪽으로 약 400킬로미터 떨어진, 야자수로 둘러싸인 오아시스였다. 무슬림의 생존이 날로 위협받고 있던 그때, 두 손 들어 그들을 환영해줄 야스립으로 이주를 결정한 것은 현명한 선택이 아닐 수 없었다.

그렇다. 야스립 사람들이 선지자를 초청한 것이었다. 비록 그들은 무함마드를 그들 내부의 분규를 조정해줄 현인으로 생각했지, 종교 지도자로 생각하지는 않았지만 말이다. 하지만 그 오아시스에 있는 것이 어쨌든 메카에서 곤경에 빠져 있는 것보다는 나았다.

알라도 찬성을 했던 것 같다. 자기 손가락도 안 보이는 어느 밤에 천사 지브릴이 무함마드를 날개 달린 백마에 태워 예루살렘에 갔다고 한다. 거기에서 무함마드는 구름 위로 올라가 역대의 선지자를 만나고 천국과 지옥도 본 뒤에 새벽녘이 돼서 메카로 돌아왔다. 그날은 훗날 이슬람교의 명절이 되었으며 진작부터 유대교와 기독교의 성지였던 예루살렘도 그로 인해 이슬람교의 성지가 되었다.[9]

서기 622년 9월 24일, 선지자는 야스립에 도착했다. 그것은 그와 그의 추종자들에게는 역사적인 걸음인 동시에 대단한 모험이었다. 전통에 따라 그것은 본래의 부락과 혈연관계를 단절하고 그로 인해 주어진 권리와 의무도 자동적으로 포기하는 것을 뜻했기 때문이다. 그래서 그 낯선 도시와 사람들 속에서 자리를 잡지 못한다면 그들은 또 어디로 가서 살아야 할지 막막했다.

그러나 무함마드는 영리하게 나쁜 일을 좋은 일로 바꾸었다. 그렇다. 혈연이 의미 없어졌다면 신앙에 의지하면 된다! 그래서 움마라는 이슬람 공동체가 고안되어 세워졌다. 움마에는 규정과 규칙, 기구와 역할 분담이 있었다. 이주해 온 무슬림이 군사 요직을 맡고 현지 출신 무슬림은 호적과 세수를 책임졌으며 스승이자 리더인 사령관은 당연히 선지자 무함마드였다. 이런 정교합일의 조직은 이미 국가와 크게 다를 바가 없었다.[10]

9   이 사건은 『코란』에 암시되어 있다. 『코란』 17장 1절을 참고. 이후 메카의 카바는 알하람이라 불렸고 예루살렘의 알아크사 모스크는 알사리프라 불렸다. 알아크사 모스크에서 300미터 떨어진 곳에 있는 바위돔 모스크는 선지자가 구름 위로 올라간 곳이라 여겨진다. 하취안안과 저우수칭의 『칼리파 국가의 부침』을 참고.

10   움마의 본래 뜻은 민족이며 나중에 단체, 공동체라는 뜻이 생겼다. 현재는 세계의 무슬림 집단 거주지와 공동체를 모두 가리킨다. 메디나 시기 움마의 성격에 관해서는 학계에서도 견해가 분분하다. 어떤 학자는 무슬림 단체였다고 하고 또 어떤 학자는 공동체였다고 한다. 그것이 국가였다고 말하는 학자도 있다.

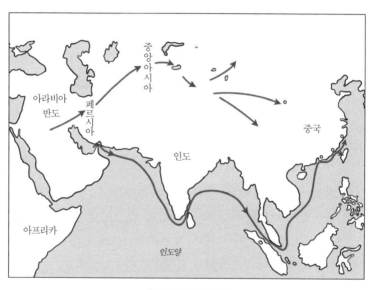

이슬람교의 중국 유입

이슬람교는 아라비아반도에서 흥기한 지 얼마 안 돼서 중국에 유입되었으며 당, 송, 원이 주요 시기였다. 전파의 노선은 주로 두 갈래였다. 하나는 육로로서 실크로드를 따라 아랍에서 이란, 아프가니스탄을 지나 신강新疆의 톈산天山 남쪽과 북쪽에 닿은 다음, 다시 청해靑海, 감숙甘肅을 지나고 하서주랑河西走廊을 통과해 장안에 닿는 것이었다. 그리고 다른 하나는 페르시아 만과 아라비아해에서 출발해 인도양과 벵골만, 믈라카해협을 지나 광주廣州, 천주泉州, 항주杭州, 양주揚州 등 중국의 연해 도시에 닿았다.

선지자는 크게 성공을 거뒀다. 또 야스립은 메디나라고 개명을 했는데, 그 전체 이름인 메디나 알 나비는 '선지자의 도시'라는 뜻이다. 그때의 이주는 헤지라라고 불렸고 이주한 해는 훗날 이슬람력 원년으로 정해졌다.

성공한 선지자는 메카를 잊지 않았다. 서기 630년, 무함마드는 대군을 이끌고 자신의 고향에 입성했다. 그는 귀족들을 신도로 받고 카바 신전 안에서 우상을 치웠으며 신전과 운석을 성물로 지정했다. 그때부터 메카는 이슬람의 종교 중심지가, 메디나는 정치 중심지가 되었다.

그해는 당태종이 천카간이 된 해이기도 했다.

서기 632년 초, 그러니까 세상을 떠나기 반년 전에 그것을 예감한 무함마드는 메디나에서 메카로 넘어와 전례 없는 규모의 순례 의식을 주관했다. 그 순례에 참가한 10만 명의 군중은 모두 남성 무슬림이었으며 선지자는 아라파트산에 올라가 알라의 마지막 계시를 전했다.

"나는 이미 너희를 위해 너희의 종교를 도와주었고 내가 너희에게 내린 은혜를 완성했으며 이슬람을 너희의 종교로 선택했다."[11]

그것은 새로운 종교의 성인식이었다.

하늘의 계시에 따라 그 종교는 '이슬람Islam'이라고 이름 지어졌다.

11 『코란』 5장 3절을 참고.

이슬람

이슬람의 의미는 순종이다.

무슬림은 순종하는 사람이라는 뜻이다.

무엇에 순종하느냐 하면 그것은 바로 알라의 뜻이다. '알라Allah'는 본래 다신 숭배 시기, 메카 주민들의 창조신이었고 또 주신主神이었을 것이다. 이슬람교가 생긴 뒤로 알라는 유일신이 되었다. 이슬람교에서는 절대적으로 알라를 경외하고 알라의 뜻에 순종해야만 행복과 안녕, 평화를 얻을 수 있다고 생각한다.[12]

그렇다. 이슬람은 평화라는 의미도 있다.

이것은 전형적인 유일신교인 데다 대단히 확고하고 철저하다. 무슬림들은 전 인류가 동일한 종교를 갖고 있고 그것은 바로 이슬람이며 또 유일한 신을 숭배해야 하는데 그것은 바로 알라라는 가르침을 받는다. 유대교의 야훼, 기독교의 여호와는 유일신의 서로 다른 표현에 불

---

12 알라는 후다khuda라고도 불리는데 이것은 페르시아어를 사용하는 무슬림이 쓰는 호칭이다.

과하다.[13]

따라서 이 3대 유일신교는 일맥상통하며 알라의 뜻을 이은 사람은 '사도Rasūl'와 '선지자Nabī'다. 선지자는 각종 방식으로 알라의 계시를 받고 예언을 한 사람이다. 사도는 그뿐만 아니라 알라가 부여한 특수한 종교적 사명까지 책임져야 했다. 그래서 선지자는 꼭 사도일 필요는 없었지만 사도는 반드시 선지자여야 했다.[14]

알라는 사람들 속에서 특별히 선지자와 사도를 골라내 서로 다른 시기에 서로 다른 민족에게 보냈다. 무함마드 전에 가장 유명했던 사도와 선지자는 아담, 누흐, 이브라힘, 무사, 이사이며 이들은 실질적으로 『성경』에 나오는 아담, 노아, 아브라함, 모세, 예수를 가리킨다.[15]

무함마드는 최후의 사도이자 선지자였다. 다시 말해 그 후로 알라는 더는 사도와 선지자를 보내지 않았다. 그래서 무함마드는 가장 위대한 성인이기도 하며 아담, 이사(예수) 등의 다섯 명이 그다음이다.

이 점은 확실히 곱씹어볼 만하다.

그렇다면 알라는 왜 무함마드를 보내 마지막 계시를 내린 것일까?

과거의 교리에 만족하지 못했기 때문일 것이다.

가장 받아들이기 힘들었던 것은 기독교의 삼위일체였다. 신은 알라든 하느님이든 다 유일무이한 존재인데 어떻게 세 가지 위격 중 하나일 수 있으며 또 유일한 신이 어떻게 세 가지 위격을 가질 수 있단 말인가? 만약 그 세 가지 위격이 모두 똑같이 숭배를 받는다면 다신교와

---

13 이 점에 관하여 『코란』에서는 "그는 우리의 주이시고 당신들의 주이시기도 하다"라고 명확히 표현하고 있다. 우리와 당신들이 같은 신을 숭배하며 따르고 있다는 것이다. 『코란』 2장 139절과 29장 46절을 참고.

14 이슬람교에 따르면 모두 12만 4000명의 선지자와 315명의 사도가 있었다고 한다. 『코란』에서 언급한 28명의 선지자는 모두 사도다. 런지위 주편, 『종교사전』을 참고.

15 『코란』에서는 이에 관한 알라의 뜻을 "나는 각 민족 중에서 이미 사도를 파견한 바 있다"라고 전한다.

대체 무슨 차이가 있단 말인가?[16]

　예수를 그리스도(구세주)라고 하는 것도 의심스럽고 신의 아들이라고 하는 것은 더 이해가 안 갔다. 알라에게는 아들이 없고 예수는 인간이지 신이 아니었다. 그는 알라의 사도였을 뿐인 데다 사도 중 한 명이었을 뿐이며 가장 위대한 사도도 아니었다. 가장 위대한 사도는 무함마드였지만 마찬가지로 인간이지 신이 아니었다. 무슬림은 그저 알라에게 순종할 따름이며 선지자에 대한 그들의 태도는 공경이지 숭배가 아니다. 나아가 신의 아들이 인간 대신 속죄하기 위해 십자가에 못 박혀 죽었다는 것은 그들이 보기에 더더욱 황당무계한 얘기였다.[17]

　그래서 무슨 '신의 육화' 같은 것은 없고 '신의 경전화'만 있었다.

　경전은 알라가 내린 모든 계시를 담고 있으며 유대교, 기독교의 경전까지 포괄한다. 유대인과 기독교도는 '경전을 가진 자들'이라 불리며 경전과 신앙이 없는 이들보다 고귀하다고 간주된다. 하지만 가장 위대한 사도가 무함마드인 것처럼 가장 신성하고 완벽한 경전은 『코란』이다. 알라의 마지막 계시인 『코란』은 세계에서 가장 우수하고 아름다운 아랍어로 선포되었다. 그래서 아랍어는 알라에게 가장 가까운 언어이며 아랍어 『코란』은 알라의 뜻이 가장 정확하게 표현된 판본이다.[18]

　이 때문에 무슬림은 『코란』의 낭독을 대단히 중시하며 일련의 관련 규정을 갖고 있다. 초기의 일부 학자들은 심지어 『코란』을 다른 언어로 번역하는 것을 반대하기도 했다. 그러면 알라의 뜻이 왜곡되거나 적어

---

16 『코란』은 신이 세 위격 중 하나라고 망언을 하는 자는 진리를 믿지 않는 자라고 명확히 서술하고 있다. 유일무이한 주재자 외에는 숭배받을 존재가 없다는 것이다. 그리고 그런 망언을 멈추지 않는 자는 반드시 고통스러운 형벌을 받을 것이라고 말하고 있다. 『코란』 5장 73절을 참고.

17 『코란』에서는 예수가 '알라의 사도'였을 뿐이며 알라에게는 아들이 없다고 말한다. 무함마드도 "단지 경고자였을 뿐"이며 유일하고 존귀한 알라 외에는 아무도 숭배해서는 안 된다고 한다.

18 이슬람교의 경전은 『코란』 외에 무함마드의 언행을 기록한 하디스가 있다.

필사본 『코란』의 잔해

『코란』은 모두 30권 114장 6236절로 이뤄져 있으며 각 장의 이름은 하나의 아랍어 단어다. 2015년 7월 22일, 영국 버밍엄대학은 세계에서 가장 오래된 필사본 『코란』의 잔해가 도서관에 있다고 밝혔다. 그 필사본은 무함마드 사후 20년 내에 쓰인 것으로 보여 적어도 1370년의 역사를 가졌다.

도 각운, 리듬, 수사 면에서 경문의 격정과 호소력을 정확히 표현할 수 없기 때문이라는 것이었다.

이것은 그리 이상한 일이 아니었다.

실제로 '코란'의 본래 의미는 낭독이며 낭독은 신앙과 응집력을 강화한다. 제9장을 빼고는 『코란』의 장마다 서두에 "자비롭고 자애로운 알라의 이름으로"라는 말이 나오며 예배를 할 때마다 낭독해야 하는 첫 장은 아래와 같은 내용이라는 것을 알아둘 필요가 있다.

> 자비롭고 자애로우신 알라의 이름으로
> 온 세계의 주이시며 자애롭고 자비로우신 주이시며 심판의 날을 주관하시는 주이신 알라께 모든 찬미를 드리나이다. 우리는 당신만을 숭배하고 당신께만 구원을 청합니다. 당신은 노여움을 산 자의 길도, 방황하는 자의 길도 아닌 올바른 길로 우리를 인도해주소서.[19]

확실히 위에 표현된 것은 이슬람교의 가장 핵심적인 신앙이자 주장이며 가치관이다. 무슬림이 입을 모아 이 경문을 낭독할 때 마음속 깊은 곳에서 어떤 감정이 치밀어오르는지 상상하기 어렵지 않다.

이래서 낭독이 필수불가결한 것이다.

알라를 믿고, 사도를 믿고, 경전을 믿고, 여기에 천사, 최후의 심판일, 정명定命을 믿는 것이 이슬람교의 여섯 가지 믿음이다. 간단히 말해

---

19 『코란』1장 1~7절을 참고.

훗날 세상에 들이닥칠 멸망까지 포함하는 모든 것을 알라가 미리 계획해놓았다는 것이다. 빛으로 만들어진 천사를 비롯한 모든 것이 알라에 의해 창조되기도 했다. 한편 천사는 각기 직분이 있는데, 예를 들어 지브릴은 무함마드에게 알라의 계시를 전하는 일을 책임졌으며 이스라필은 미래에 심판의 나팔을 불어 최후의 심판일이 왔음을 알릴 것이다.[20]

최후의 심판일은 무시무시하다. 그때는 죽은 자들이 모두 부활해서 차례로 알라의 심판을 받을 것이다. 생전에 선을 행한 자는 천국에 가고 악을 행한 자는 불지옥으로 떨어질 것이다. 그리고 공功과 과過가 서로 비등한 자는 허공에 매달린 채 천국의 기쁨과 불지옥의 고통을 동시에 볼 수 있어서 알라에게 용서를 빌지 않을 수 없을 것이다.[21]

이것은 기독교와 대단히 유사하지만 이슬람교는 원죄를 인정하지 않는다. 그들은 인간이 태어날 때는 순결하며 죄를 짓는 것은 단지 알라에게 순종하지 않기 때문이라고 생각한다. 그래서 무슬림에게 가장 중요한 것은 알라와 선지자에 대한 굳건한 신앙이다. 그래서 이슬람교의 다섯 가지 의무 중 으뜸은 '샤하다Shahada', 즉 알라 외에 다른 신은 없고 무함마드는 알라의 사도라는 신앙 고백문을 낭송하는 것이다.

샤하다는 이슬람교의 기본 신앙에 대한 원칙적 표현이어서 무슬림은 평생 이 말을 가장 많이 되풀이한다. 몇몇 엄숙한 자리에서, 이를테면 입교할 때나 임종 전에는 꼭 샤하다를 낭송해야 하며 여기에 또 간

---

20 여섯 가지 믿음에 관해서는 학계에 여러 이견이 존재하지만 여기서는 논의하지 않겠다.
21 『코란』 7장 46~47절을 참고.

증까지 해야 한다. "나는 알라 외에 다른 신은 없는 것이 확실함을 간증합니다. 나는 또 무함마드는 알라의 종이자 사도임을 간증합니다"라고 말이다.

사실 샤하다와 간증의 주요 내용은 완전히 일치한다. 그러면 샤하다를 낭송하면서 왜 또 간증까지 하는 걸까?

신앙을 다지기 위해서다.

샤하다와 간증은 기본적으로 내용이 일치하지만 말투는 다르다. 경건하게 "알라 외에 다른 신은 없고 무함마드는 알라의 사도입니다"라고 낭송하는 것도 이미 신앙의 고백이긴 하지만 "나는 간증합니다"라는 말까지 덧붙이면 한층 더 신앙이 굳건하게 느껴진다. 그래서 반드시 이 둘을 결합해 공개적인 고백으로 삼아야 한다.

말을 꺼냈으면 반드시 지켜야 하며 이것은 무슬림도 마찬가지다.

샤하다 낭송과 간증 외에 무슬림은 매일 예배를 해야 하고 선지자가 처음 계시를 받은 라마단(아랍력 9월)에는 해가 떠 있는 시간에 단식을 해야 하며 조건이 되면 평생 적어도 한 번은 메카에 순례를 다녀와야 한다. 조건이 안 되면 남에게 그 의무를 대신 이행해달라고 부탁할 수도 있다.

이밖에 '자카트zakāt'라는 것도 있다. 일정 비율에 따라 정상 수입 이외의 잉여 자산 일부를 빈곤 구제와 종교 사무에 쓰는 것이다. 이것은 "주의 명을 받들어" 정한 종교적 의무로서 알라를 기쁘게 하는 일로 여겨진다. 이러한 샤하다, 예배, 라마단 단식, 메카 순례, 자카트는 무슬림의 다섯 가지 의무다.

여섯 가지 믿음과 다섯 가지 의무가 생기면서 이슬람은 이미 종교로서 상당히 완비되었다. 그런데 문제는 그런 종교가 어떻게 아랍인들로 하여금 100년도 안 되는 기간에 사막 부락에서 느슨한 연맹으로 변모하고 강대한 세계 제국으로 발전하게 할 수 있었는지, 그리고 아랍 제국 멸망 후에는 또 어떻게 세계 각지로의 전파와 침투 태세를 유지하여 결국 왕조의 흥망과 상관없이 자체 메커니즘과 힘에만 의지해도 끄떡없는 세계적 종교가 될 수 있었는지에 있다.

그 비결은 대체 무엇이었을까?

제국

서기 632년 6월 8일, 위대한 선지자 무함마드가 메디나에서 세상에 긴 이별을 고하고 알라의 곁으로 돌아감으로써 많은 이를 공황 상태에 빠뜨렸다. 확실히 이슬람교가 전해지고 확립된 것은, 절반은 무슬림이 알라의 계시를 믿었기 때문이었고 나머지 절반은 역시 무함마드의 개인적 매력 때문이었다. 이제 선지자가 운명하고 알라도 더는 사도를 보내지 않게 되었으니 구심점을 잃은 대중은 어디로 가야 한단 말인가?

그것은 매우 심각한 문제였다.

가장 시급한 문제는 역시 누가 뒤를 잇느냐는 것이었다. 앞에서 말한 대로 무함마드가 추종자들을 이끌고 야스립으로 이주한 뒤부터는 움마가 본래의 씨족과 부락을 대체했다. 선지자가 운명했을 때 그 정교합일의 새로운 사회 조직이 무슬림 단체로 자리매김해야 했는지, 아니면 이슬람 공동체 혹은 메디나 국가로 자리매김해야 했는지는 후대의 역사학자들조차 의견 일치가 되지 않으니 실제 당사자들이 어땠을지는 굳이 말할 필요가 없다. 하지만 움마를 바다의 범선이나 길 위의 대상에 비유한다면 지금 당장 조타수와 길잡이가 필요하다는 것만은 누구나 알고 있었다.

새로운 제도가 고안되어야 했고 그것은 바로 칼리파였다.

칼리파의 뜻은 계승자와 대리자다. 그 온전한 명칭인 '칼리파트 라술 알라'는 '알라의 사도의 계승자 겸 대리자'라는 의미다. 이것은 상당히 정확하고 엄밀한 표시인데, 그의 임무는 단합을 도모하고 정권을 공고히 해 선지자의 신성한 사명을 잇는 것이었을 뿐, 더 이상 하늘의 계시를 받을 권력과 가능성은 없었다.

최초 네 명의 칼리파는 선거로 뽑히거나 옹립되었기 때문에 역사에서는 그들을 '4대 정통 칼리파'라고 부른다. 그들이 선출된 이유는 각기 달랐지만 역사적 사실은 그 선택이 나쁘지 않았음을 증명해주었다. 30년도 안 되는 기간에 그 네 명의 칼리파는 아라비아반도를 통일했을 뿐만 아니라 시리아, 팔레스타인, 이집트, 아르메니아, 리비아를 정복하고 비잔티움 제국의 방대한 영토를 이슬람의 기치 아래 두었으며 페르시아의 사산 왕조를 멸하기도 했다.[22]

그것은 실로 범상치 않은 성과였다.

그 영광은 알라에게 속했지만 역시 칼리파가 크나큰 공을 세웠다. 특히 가장 많은 원정을 치른 제2대 칼리파 우마르의 업적이 두드러졌

---

22 초대 칼리파 아부 바크르는 무함마드의 후처 아이샤의 아버지로서 무함마드가 임종하기 전, 예배의 주재를 위탁받았다. 재위 기간(632~634)에 『코란』을 집성, 정리했으며 아라비아반도를 통일했다. 제2대 칼리파 우마르는 쿠라이시인의 아디 가문 출신 귀족으로서 이슬람교에 귀의한 후로 영향력이 커졌다. 재위 기간(634~644)에 헤지라를 이슬람교 원년으로 정하고 시리아, 이라크, 팔레스타인, 페르시아, 이집트를 정복했지만 나중에 기독교를 믿는 노예에게 피살되었다. 그리고 제3대 칼리파 우스만은 쿠라이시인의 우마이야 가문 출신 귀족으로서 무함마드의 사위였다. 재위 기간(644~656)

다. 사실상, 아라비아반도를 통일한 초대 칼리파 아부 바크르의 시대부터 움마는 더 이상 단체나 공동체가 아니라 마땅히 '칼리파 국가'라 불려야 했다. 그런데 이 국가는 이미 대외 정복을 수행하는 제국의 특징을 갖고 있었는데도 세습되는 황제가 없었다. 그들의 판도는 진나라, 한나라만큼 방대했지만 권력의 교체는 요순과 유사했다. 이런 상태는 당연히 오래가기 어려웠다. 칼리파 국가는 조만간 아랍 제국으로 변모할 수밖에 없었다.

혁명이 일어나는 것은 거의 필연이었다.

문제는 이미 오랫동안 잠재되어 있었다. 사실 앞의 세 명의 칼리파는 모든 사람에게 인정을 받지는 못했다. 일부는 선지자와 혈연관계가 깊은 사람만이 그 직무를 맡을 자격이 있다고 생각했다. 그 사람은 바로 무함마드의 사촌 동생이자 그의 딸 파티마의 남편인 알리였다.

알리를 옹호한 사람들은 시아파라 불렸다. 알리의 당파라는 뜻이다. 그에 대립한 수니파는 수나(선지자의 전통과 모범)를 준수하는 사람들이라는 뜻이다. 수니파는 현재까지 다수파로서 전 세계 무슬림의 80~90퍼센트를 차지한다. 이 두 파벌은 당연히 교리 면에서도 대립하지만 맨 처음에는 누가 칼리파를 맡느냐는 문제를 놓고 대립했다.

알리에게 마침내 기회가 왔다. 무측천이 황후가 된 서기 655년 제3대 칼리파 우스만이 이집트에서 온 사절단에게 살해되자, 무슬림의 첫 번째 내전이 발발하여 수많은 이가 참가했다. 알리는 이 내전에서

에 『코란』의 표준 판본을 확정하고 아르메니아와 북아프리카를 정복했지만 훗날 내란의 와중에 피살되었다. 마지막으로 제4대 칼리파 알리는 무함마드의 사촌 동생이자 사위(파티마의 남편)로서 서기 661년 암살을 당했으며 시아파 무슬림에 의해 초대 이맘(칼리파와 대립되는 정교합일의 지도자)으로 추존되었다.

승리를 거두고 제4대 칼리파가 되었으며 수도를 메디나에서 이라크 남부의 쿠파로 옮겼다. 하지만 그의 지위는 불안정해서 더 강력한 자의 도전에 맞서야 했다.

그 도전자는 무아위야였다.

무아위야는 메카 쿠라이시인의 우마이야 가문 출신 귀족으로 제3대 칼리파 우스만의 육촌 동생이자 칼리파 국가의 가장 유명한 장군 중 한 명이었다. 아랍 최초의 해군은 그에 의해 창설되었다. 그의 함대는 일찍이 키프로스를 싸우지도 않고 항복시켰으며 또 비잔티움인들을 궁지에 몰아 도망치게 함으로써 결국 동로마 제국의 해상 패권을 철저히 와해시켰다.

사실 아랍인은 일찌감치 다우선(삼각형의 큰 돛을 단 목조선)을 발명하고 항해 기술을 익히기는 했지만 단지 상업에만 이용하고 전쟁에는 이용해본 적이 없었다. 사막에 살던 베두인인은 심지어 사람이 배 위에 있는 것은 벌레가 폭풍 속 나뭇잎 위에 있는 것과 같다는 이야기를 듣고 자랐다. 그래서 무아위야가 키프로스 원정을 가겠다고 했을 때, 우스만은 지원자들이 아내를 데려가게 하라고 조건을 걸었다. 무아위야가 경거망동을 할까봐 두려웠던 것이다.

하지만 무아위야의 대승으로 인해 아랍인의 범선이 로마인의 범선보다 훨씬 뛰어나다는 사실이 증명되었다. 전자는 어떤 바람 속에서도 운항을 했지만 후자는 역풍이 불 때는 사람이 노를 저어야 했다. 그 결과, 역사상 '돛대 전투'라고 불리는 비잔티움과의 해전에서 승리를 거둠으로써 무아위야는 널리 그 위명을 떨쳤다. 그래서 무아위야가 알리에게 우스만의 죽음을 책임지라고 압박하며 우스만의 피 묻은 옷을 깃발로 내걸었을 때, 사실 알리는 이미 그를 대적할 수 없었다.[23]

더 중요한 것은 시리아 총독으로 오래 일한 무아위야가 강력한 군대를 가졌을 뿐만 아니라 노련하고 용의주도했다는 사실이다. 서기 657년 알리는 친히 군대를 이끌고 유프라테스강 유역의 옛 로마 영토에서 무아위야의 군대와 조우했을 때, 거의 패배할 지경이 된 무아위야가 즉시 계략을 동원하는 광경을 보았다. 그는 사병을 시켜 창끝에 "결정은 알라가 내린다"는 『코란』의 구절을 깃발로 달게 하고 고함을 지르게 했다.

경건한 무슬림 중 그 누구도 감히 알라의 발언을 향해 공격할 엄두를 못 냈다. 그 중재의 요구는 아랍인의 전통에 따라 받아들여져야만 했다. 그리고 그것은 곧장 알리 진영의 분열을 초래했다. 전쟁을 주장하던 하와리즈파가 실망한 나머지 이탈했고 결국 한 자루 비수로 알리의 생명을 끝장냈다.

무아위야는 즉각 알리의 장남 하산과의 담판에 나섰다. 하산은 추종자들의 옹호에도 불구하고 무슬림들 간의 전투에서 큰 희생이 생길 것을 염려해 칼리파의 직위를 포기하는 데 동의했다. 그리고 풍족한 연금을 받으며 메디나에서 그리 길지 않은 일생을 보냈다. 알리의 뒤를

---

23 서기 655년, 무아위야가 이끄는 함대가 이집트의 아랍 함대와 연합해 비잔티움 해군을 격파했고 역사에서는 이를 '돛대 전투'라고 부른다.

이어 제2대 이맘(알리의 후손으로서 시아파의 최고 지도자라는 의미)이 된 그는 역대로 시아파 무슬림의 존경을 받아왔다.

칼리파가 된 무아위야는 세 가지 일을 처리했다. 수도를 다마스쿠스로 정하고 세습제를 수립했으며 정교합일의 체제를 비잔티움과 페르시아 사산 왕조의 행정관리 체계와 융합시켰다. 이 세 가지 일 중 특히 우마이야 가문의 칼리파 세습을 확정한 것은 무아위야로 하여금 칼리파 시대에서 왕조 시대로의 전환을 성공적으로 완수하게 했으며 그의 정권은 당연히 우마이야 왕조라고 불렸다.

우마이야 왕조는 칼리파 국가의 확장 사업을 이어받아 튀니지, 알제리, 모로코, 스페인을 잇달아 정복했고 중앙아시아 각국과 아프가니스탄, 인도 북부도 손에 넣었다. 그래서 당현종 개원 20년에 해당하는 서기 732년, 아랍 군대의 칼끝은 파리까지 겨우 160킬로미터밖에 떨어져 있지 않았다. 만약 망치라는 별명으로 불린 프랑크 왕국의 통치자 카를 마르텔을 만나지 않았다면 그들은 결코 정복의 발걸음을 멈추지 않았을 것이다.

이때 우마이야 왕조는 이미 유럽, 아시아, 아프리카 세 대륙에 걸친 세계적인 대제국을 건설하여 옛날 로마인처럼 지중해를 자신들의 호수로 만들었다. 반면에 동로마인은 콘스탄티노플에서 능력이 모자람을 개탄하며 반 토막난 영토를 가까스로 지탱하고 있었을 뿐이다.

그런데 무슬림의 군단은 이번에는 동쪽으로 진군하여 타슈켄트를 **088**

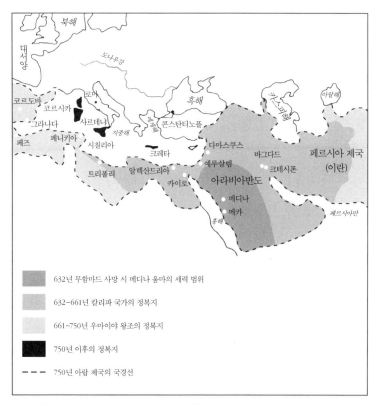

북해

대서양

도나우강

코르도바
코르시카
그라나다
페즈
페니키아
사르데냐
로마
지중해
시칠리아
크레타
흑해
콘스탄티노플
아랄해
다마스쿠스
바그다드
페르시아 제국
(이란)
트리폴리
알렉산드리아
예루살렘
크테시폰
카이로
아라비아반도
메디나
메카
홍해
페르시아만

632년 무함마드 사망 시 메디나 움마의 세력 범위

632~661년 칼리파 국가의 정복지

661~750년 우마이야 왕조의 정복지

750년 이후의 정복지

750년 아랍 제국의 국경선

메디나의 움마부터 아랍 제국까지. 류밍한 주편,『세계통사·중세권』을 참고.

정복하고 탈라스성(지금의 카자흐스탄 잠불)에서 당나라의 명장 고선지를 크게 격파했다. 그리고 나서는 한쪽으로 서진을 멈추고 다른 쪽도 동진을 멈춰, 비잔티움과 아랍과 당나라가 마침내 세발솥의 다리처럼 서로 맞서는 형세를 이뤘다.[24]

그런데 그때는 이미 아바스 왕조의 시대였다.[25]

무함마드의 일족인 아바스 가문은 검은색 깃발을 들고서 우마이야 왕조를 전복시키고 자신들의 왕조를 세웠다. 그래서 중국인은 그들을 '검은 옷의 대식大食'이라 불렀는데, 중국의 고대 역사에서는 아랍 제국을 대식이라고 불렀기 때문이다. 그들이 검은색을 즐겨 쓴 데에는 세 가지 원인이 있었다. 첫째, 페르시아 문화의 영향을 받았기 때문이고 둘째, 반란과 애도를 표시하기 위해서였으며 셋째, 우마이야 왕조와 확실히 경계를 짓기 위해서였다. 그렇다. 흰색을 숭상한 우마이야는 '흰옷의 대식'이었다.[26]

후대에 등장한 파티마 왕조는 '녹색 옷의 대식'이라 불렀다.

하지만 원인이 어디에 있었든 결과는 같았다. 이슬람 세계의 역사는 이때부터 새로 쓰였으며 제국의 중심도 비잔티움과 가까운 시리아에서 본래 페르시아였던 동쪽의 이라크로 옮겨졌다. 처음에는 쿠파를 수도로 정했다가 나중에 바그다드로 천도했다. 우마이야의 수도 다마스쿠스든, 아바스의 새 수도 바그다드든 모두 무함마드의 메디나와는 멀리 떨어져 있었지만 그래도 이 두 왕조는 차이가 매우 컸다. 국제 학계

---

24 『신당서新唐書』 「고선지전」과 『자치통감』 216권을 참고.

25 탈라스 전투는 서기 751년, 즉 아바스 왕조가 수립되고 그 이듬해에 벌어졌다.

26 다비드 A. J. 압둘라의 『이라크사』에서는 그것이 '반란과 애도를 상징하는 검은색 깃발'이었다고 설명한다. 애도의 대상은 제4대 칼리파 알리였다.

에서는 그것이 단순한 왕조 교체를 완전히 뛰어넘는 일종의 혁명이었다고 생각한다.[27]

그 혁명의 결과로 아랍 제국은 극성기를 지나 쇠퇴하기 시작했지만 반대로 이슬람교는 더 넓은 범위로 전파되었다. 이 두 가지 일이 동시에 벌어진 것은 쉽게 납득이 안 가며 그 안의 성패와 득실 그리고 경험과 교훈은 깊이 연구해볼 가치가 있다.

그러면 다 함께 바그다드에 가보기로 하자.

----

[27] 다비드 A. J. 압둘라의 『이라크사』와 스타브리아노스의 『전 세계 통사』, 진이주 주편, 『이슬람교』를 참고.

바그다드와의 이별

바그다드는 크테시폰과 매우 가까웠다.

크테시폰은 페르시아 사산 왕조의 옛 수도였고 바그다드는 본래 티그리스강 서쪽 유역의 한 마을로서 크테시폰과 겨우 32킬로미터 거리였다. 아바스 왕조의 제2대 칼리파, 알만수르가 바그다드를 새 수도로 정하고서 로마 황제 콘스탄티누스가 비잔티움으로 천도하고 수양제가 낙양을 건설한 것처럼 친히 부지를 정해 공사 감독까지 한 것은 당연히 즉흥적인 아이디어의 결과일 리는 없었다.

사실 '바그다드'라는 이름은 페르시아어에서 기원했을 가능성이 크며 그 뜻은 '신의 은총'이다. 그리고 건설 후에 주어진 정식 명칭은 평화의 성이라는 뜻의 메디나 알살람이었다. 확실히 이것은 제국이 향후 평화로운 발전의 길로 나아가리라는 것을 의미했다. 지중해를 포기하고 페르시아의 전통에 의지하면서 페르시아의 지지를 추구하려 했다. **092**

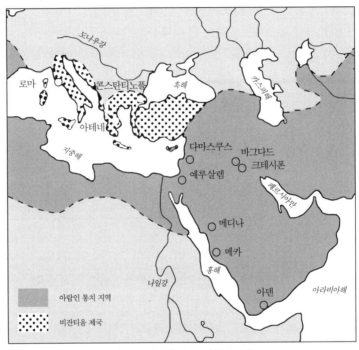

도나우강

로마

콘스탄티노플

흑해

카스피해

아테네

다마스쿠스

바그다드

지중해

예루살렘

크테시폰

페르시아만

메디나

메카

나일강

홍해

아덴

아라비아해

아랍인 통치 지역

비잔티움 제국

서기 732년 전후, 아랍인의 통치 지역

아바스 왕조가 자신들의 정권을 가리켜 방향 전환 또는 운명의 변화를 뜻하는 '다울라'라고 부른 것도 다 그만한 이유가 있었던 것이다. 그들은 분명 새로운 시대를 열었다.[28]

새로움은 여러 방면에서 실현되었다.

우선 왕조는 알만수르와 그 이후에 모두 '일국양부—國兩府'를 유지했다. 칼리파는 종교 지도자이자 국가 원수였고 행정 사무와 대권은 '와지르'라 불리는 재상 또는 수석 대신에게 넘겨졌다. 와지르는 보통 페르시아인이 맡았으며 그 권력은 국무회의를 주재하고 지역의 총독을 임명, 파면할 수 있을 정도로 컸다. 기독교도와 유대인에게도 대신과 고문 같은 요직이 맡겨져서 아바스 왕조는 연합 정부가 주도하는 다민족 제국으로 변모했다.[29]

이 점은 다마스쿠스를 수도로 삼았던 우마이야 왕조와 크게 달랐다. 우마이야 왕조는 비非아랍인을 믿지 않아서 절대 그들에게 국가의 사무를 맡기지 않았으며 다른 민족의 문명에 관심을 갖는 일도 없었다. 메디나의 움마에서 칼리파 국가로 상승한 그 가문은 수, 당 초기의 관롱關隴 집단과 매우 흡사했다. 그들의 정책은 아랍인, 특히 아랍 무사들에게만 의존했다.

하지만 아바스 왕조는 개방적이고 관용적이어서 다양한 인재들이 제국에서 자유로이 활약을 펼쳤다. 이것은 사실 불가피한 선택이었다. 구 정권을 전복한 세력이자 과거의 소수파로서 그들은 우마이야 사람

---

28 아랍어 '다울라'의 본래 뜻이 바로 새로운 시대다. 데이비드 A. J. 압둘라의 『이라크사』와 스타브리아노스의 『전 세계 통사』, 진이주 주편, 『이슬람교』를 참고.
29 데이비드 A. J. 압둘라의 『이라크사』를 참고.

들에게 의지할 수 없었고 또 그들 자신은 집정 능력이 없었기 때문에 어쩔 수 없이 현지에서 인재를 구해 페르시아 관료제를 활용해야 했다. 더욱이 아바스 왕조는 반란을 일으킬 때 시아파, 기독교도, 유대인, 페르시아 조로아스터교도의 지지를 받았으므로 승리 후 어떻게든 보답을 해야 했다.

결과적으로 정권의 성격이 변했다.

변화는 두 가지로 이뤄졌다. 하나는 통치 집단이 과거의 아랍 귀족과 아랍 무사에서 직업 문관, 상인 지주, 율법 학자로 구성된 집단으로 변한 것이었다. 그리고 다른 하나는 제국의 페르시아화였다. 사실, 이라크에 오래 거주해온 그 아랍 정복자들은 정복된 사산 왕조의 귀족들과 진작부터 교류를 해온 터라 더 편안하게 페르시아의 전통을 받아들이고, 페르시아의 풍속을 모방하고, 페르시아 여인과 사랑에 빠졌다. 페르시아 음악이 티그리스강 기슭의 호화 별장에서 흘러나올 때 그들에게 사막에서의 유목 생활은 이미 다른 세상의 일과 같았다.

이것은 다시 일련의 변화를 불러왔다.

가장 큰 변화는 과거의 무사들이 점잖아지고 제국의 정책도 관용적으로 변한 것이었다. 그런 관용은 당시 서양 세계에는 존재하지 않았다. 유대인, 기독교도, 조로아스터교도는 모두 자신들의 신앙과 언어를 포기하지 않아도 됐다. 분서갱유도 이단 재판소도 없었다. 비록 제국의 통일을 유지하는 것은 역시 이슬람교와 아랍어이긴 했지만 말이다.[30]

095

---

30 확실히 아바스인은 결코 관용적이지만은 않았다. 그들은 건국 초에 우마이야인을 몰살시켰고 자신들을 지지해준 시아파 무슬림에게도 은혜를 원수로 갚았으며 공권력으로 사상을 통제하기도 했다. 그러나 전체적으로 볼 때 아바스 왕조는 상대적으로 관용적이었다.

관용과 품위가 문명의 꽃을 피우도록 촉진함으로써 아바스 왕조의 정치, 경제, 문화는 번영을 구가했다. 풍요로운 티그리스강과 유프라테스강 유역이 갖가지 농산물을 제공해주었고 당나라의 전쟁 포로에게서 습득한 제지 기술이 전국에 퍼졌으며 방직업과 은행업이 활발히 성장하는가 하면, 교통과 운수가 사방팔방으로 연결되어 바그다드에서 발행받은 수표를 모로코에서 현금화하는 것도 가능했다. 결국 중국의 당나라가 안사의 난이라는 깊은 늪에 빠져 허우적거리고 있을 때 아바스 왕조는 이슬람 문명의 황금시대를 맞이했다.

아스트롤라베

아스트롤라베는 고대 그리스인이 발명한 것으로 아랍 학자가 각도 눈금을 추가해 정확한 측량이 가능해졌다. 용도가 대단히 광범위해서 태양, 달, 금성, 화성 같은 천체들의 우주에서의 위치 포착과 예측, 현재 있는 곳의 경, 위도와 시간의 측정 등에 모두 쓰였다. 아스트롤라베 덕분에 무슬림들은 수시로 메카의 정확한 방위를 파악해 예배를 볼 수 있었다.

물론 그 시대는 '살람' 즉 평화의 시대이기도 했다.

그래서 후대에 많은 혜택을 준 '100년 번역 운동'도 일어났다. 서기 830년부터 930년까지, 즉 중국의 만당晩唐과 오대五代 시기에 다른 민족 문명의 성과를 대규모로, 그리고 조직적이면서도 장기적으로 번역, 소개하는 활동이 바그다드를 중심으로 전개되었다. 바로 이 쾌거로 인해 고대 그리스의 전적이 완전하게 보존되어 훗날 유럽의 발전에 기초를 제공하는 한편, 르네상스 시기의 위인들이 딛고 서서 멀리 바라볼 수 있도록 거인의 어깨가 돼주었다.

하지만 이와 동시에 제국은 쇠퇴하기 시작했다.

쇠퇴는 통치자로부터 시작되었다. 오랜 평화와 번영으로 인해 그들은 점차 사치와 향락에 빠졌고 정치적인 역량도 감소했다. 칼리파들은 스스로를 '알라의 이 땅에서의 그림자'라고 칭했지만 사실은 페르시아인 문관 정부의 그림자에 불과했고 나중에는 튀르크인 친위대가 멋대로 세우고 폐하는 허수아비로 전락했다. 당나라 황제들이 잇달아 환관에게 살해되고 카롤루스 제국이 셋으로 갈라진 서기 9세기 중엽, 아바스 왕조의 정부는 이미 페르시아인의 것에서 튀르크인의 것으로 변해 버렸다.

그때는 이미 망국이 멀지 않아 보였다. 중국 북송의 인종仁宗 지화至和 2년에 해당하는 서기 1055년, 바그다드는 셀주크튀르크인에 의해 점령되었다. 튀르크인의 우두머리가 스스로를 술탄으로 봉해 실질적인 통치자가 됨으로써 칼리파는 허명뿐인 종교 지도자로 변했다. 그리고 남송의 이종理宗 보우寶祐 6년인 서기 1258년, 칭기즈칸의 손자가 몽골군을 이끌고 바그다드를 피로 물들였다. 정교가 분리돼 있었고 또 안타깝게도 티그리스강과 유프라테스강 유역만 간신히 남아 있던 아랍 제국은 그렇게 정식으로 멸망을 고했다.[31]

그해까지 거의 5세기 가까이 계속된 아바스 왕조의 통치는 그중 3분의 1은 휘황찬란했고 3분의 1은 기복이 심했으며 나머지 3분의 1은 유명무실했다. 이 왕조는 심지어 시작하자마자 분열되었다. 스페인에 생긴 후後우마이야 왕조는 중국사에서 서대식이라 불렸고 튀니지와 이집트에 생긴 시아파의 파티마 왕조는 남대식이라 불렸으며 아바스 왕조는 동대식이라 불렸다.

따로 독립한 두 왕조도 한때 전성기를 구가했다. 후우마이야 왕조의 수도 코르도바는 콘스탄티노플, 바그다드와 어깨를 나란히 한, 당시 세계의 문화 중심지 중 한 곳이었다. 파티마 왕조는 이집트뿐만 아니라 시리아, 팔레스타인, 헤자즈를 정복했으며 카이로에 있던 알아즈하르 모스크(이슬람교의 예배당)는 널리 알려진 최고의 교육기관이었다.

아랍 세계는 삼국이 정립했다.

하지만 바그다드가 함락되기 전에는 이미 후우마이야 왕조와 파티마 왕조가 먼저 멸망하여 아바스 왕조만 목숨을 간신히 부지하던 상태였다. 여러 조짐으로 미루어 아랍인의 영광은 곧 시든 꽃이 되어 후

---

31 셀주크인은 튀르크인의 일파로서 약 983년에 부하라 부근에 정착하고 이슬람교에 귀의했으며 수니파에 속했다. 그리고 술탄은 본래 뜻이 힘 또는 권력이며 가즈니 왕조의 마흐무드(998~1030년에 재위했다)부터 사용했다. 보통은 무슬림 국가에서 종교적 권한이 없는 통치자를 가리켰으며 카간과 유사하다. 술탄이 통치하는 국가는 술탄국이라 불렸다.

인들의 애도와 노래의 소재가 될 것 같았다.[32]

이렇게 된 이상, 다른 누군가가 뒤를 이어야 했다.

사실상 그 후로 이슬람교를 전파한 세력은 주로 페르시아인, 튀르크인, 몽골인이었으며 영향력이 가장 컸던 것은 오스만, 사파비, 무굴, 3대 제국이었다. 오스만 제국은 튀르크인의 것으로 오늘날 터키에 있었고 사파비 제국은 페르시아인의 것으로 오늘날 이란에 있었으며 무굴 제국은 몽골인의 것으로 당시 인도에 있었다. 그들은 모두 아라비아반도에 있지 않았다.

아랍인은 오히려 '소수민족'이 되어 오늘날의 무슬림 중에서 겨우 8분의 1에 불과하다. 더 중요한 것은 서기 10세기 이후로 이슬람교의 전파가 주로 무력이 아니라 상업 활동과 문화 교류에 의해 이뤄졌다는 사실이다. 선교사, 이민, 상인에 의해 이슬람화된 지역으로 인도네시아 군도, 말레이반도 남단 그리고 아프리카의 일부를 꼽을 수 있으며 정복자였던 몽골인조차 알아서 무슬림이 되었다. 이것은 신기한 일이 아닐 수 없으며 필연적으로 어떤 원인이 존재한다.

하지만 이 문제는 일단 미뤄두기로 하자.

이제 모든 것이 분명해졌다. 메디나의 움마, 칼리파 국가, 우마이야 왕조, 아바스 왕조까지 아랍인은 자신들의 길을 완주했다. 하지만 그 길은 로마의 길도, 중국의 길도 아니었다. 사실상 서주가 기초를 다진 인본, 현실, 예술의 3대 정신으로 인해 중국의 대지에는 종교적 토양이

099

---

32 후우마이야 왕조는 우마이야 왕조가 전복된 후 구사일생으로 탈출한 한 왕자에 의해 스페인에 세워졌고 서기 756년에 독립해 코르도바를 수도로 삼았다. 이어서 929년 칼리파 국가임을 선포했으며 1031년에 무수한 독립 봉건 영지로 분열되었다. 그리고 파티마 왕조는 파티마의 후예임을 자처한 사람에 의해 909년 튀니지에서 세워졌다. 이집트를 정복한 뒤 카이로로 천도했고 1171년 총독 살라딘에게 타도되었다.

갖춰지지 않았으며 그래서 세계적인 문명을 낳았을 뿐, 자발적으로 종교를 낳는 것은 불가능했고 세계 종교를 낳는 것은 더더욱 불가능했다. 여기에는 옳고 그름의 문제는 없다. 단지 사실이 그랬다는 것뿐이다.

그러나 중국의 수, 당 시기는 세계 종교의 시대였다. 기독교와 이슬람교가 찬란히 꽃을 피우고 파란만장하게 전개되면서 인류 문명과 역사 발전에 깊은 영향을 끼쳤다. 우리는 비잔티움과 아랍인에게서 이미 그 것을 확인한 바 있다. 중국은 결코 세계와 단절되어 있지 않았으므로 이에 대해 전혀 동요가 없을 수는 없었다. 하물며 이미 또 다른 세계 종교가 중국에 유입된 상태였다. 그렇다면 불교가 외래문화로서 중국의 전통과 만났을 때, 본래부터 모순과 충돌이 적지 않았던 양쪽은 어떻게 스스로 문제를 해결하고 공존을 도모했으며 그로 인해 새로운 사상과 문화는 또 어떻게 탄생했을까?

"본래 한 사물도 없다"는 대수롭지 않은 한마디가
혜능의 운명을 바꾸고,
불교의 운명을 바꾸고,
나아가 중국 문명의 방향까지 바꿨다.
이것은 어떤 말이며 또 혜능은 어떤 사람이었을까?

진경과 정토

이세민李世民이 천카간으로 추대되고 그 이듬해에 삼장법사 현장玄奘이 천신만고 끝에 인도에 도착해 마가다 왕국의 날란다 사원에 들어갔다. 갠지스강 남쪽의 그 사원은 불교의 최고 학부로서 고승들이 운집하고 여러 과목을 빠짐없이 가르쳐서 스승과 제자의 숫자가 항상 1만 명에 육박했다. 젊은 현장은 이곳을 거점으로 스승을 찾아다니며 공부에 열중하여 인도의 불교계와 일반 사회에 모두 이름을 알린 뒤, 열정과 경륜을 가득 안고 조국으로 돌아왔다.

생각이 깨어 있던 태종은 현장이 출국할 때 자기가 내린 금령을 위반했는데도 융숭하게 그를 대접했다. 제국 정부도 현장의 불경 번역을 위해 여러 편의와 지원을 제공했다. 인도에서 '대승천大乘天'과 '해탈천解脫天'이라는 칭호까지 받은 고승으로서 현장이 번역한 것들은 당연히 불교의 정통 경전, 즉 진경眞經이었다. 그와 그의 제자 규기窺基가 함께 창립한 법상종法相宗의 유식론唯識論도 그가 보기에는 당연히 진리였다.

하지만 어떻게 됐을까?

얼마 안 가 까맣게 잊히고 말았다.

그렇게 된 것은 거의 필연이었다. 그들의 이론이 너무 전문적이고 이해하기 어려웠기 때문이다. '아뢰야식阿賴耶識(인간의 근본 의식)'처럼 의역이 불가능한 용어만 해도 사람들을 나가떨어지게 하기에 충분했다. "바깥 세계에는 객관적인 존재가 없고 마음속에 모든 것이 있다外境非有, 內識非無"처럼 가장 이해하기 쉬운 이치조차 중생은 전혀 갈피를 못 잡았으니 마치 고등수학 같은 논증 과정은 더 말할 나위도 없었다. 하물며 "모든 세상이 오직 마음이고 모든 사물이 오직 의식이다三界唯心, 萬法唯識"라는 이치를 이해한들 별로 좋을 게 없었다. 그렇다고 바로 성불을 할 수 있는지 따져보면 그것도 아니었다.

그렇다면 안 배워도 그만이었다.

중국인은 항상 실용을 중시했으며 태종도 마찬가지였다. 그는 먼저 현장에게 환속해서 관리가 되라고 권할까 싶었지만, 불경 번역을 지원해주는 것도 제국의 긍정적인 이미지를 만드는 데 유리할 것이라는 생각이 들었다. 하지만 그는 현장이 인도에 다녀온 이야기를 구술해 기록하는 것에 더 찬성했다. 그 『대당서역기大唐西域記』가 훗날 일어날지 모르는 전쟁에서 군사 지도의 역할을 할 수도 있을 거라고 생각했기 때문이다.[1]

---

1 『대당대자은사삼장법사전大唐大慈恩寺三藏法師傳』을 참고.

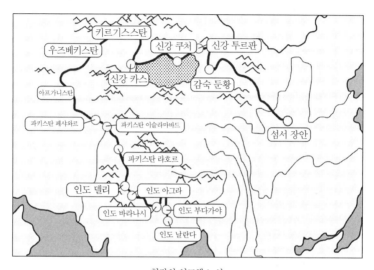

현장의 인도행 노선

서기 627년(당 정관 원년) 8월, 현장은 장안에서 출발했다. 서기 631년 가을, 현장은 마침내 오래 동경했던 마가다 왕국의 날란다 사원에 도착했다. 그때는 그가 장안을 떠난 지 벌써 5년이 되는 해였다.

민중의 생각은 달랐다. 그들이 장안 거리로 몰려나와 현장의 귀국을 환영한 것은 단지 그 신기한 인물의 풍채를 직접 두 눈으로 보기 위해서였다. 앞다퉈 아인슈타인의 강연을 들으러 간 사람들이 그가 강의할 때 내던지는 분필을 모으는 데만 관심을 두었던 것과 다를 바가 없었다. 상대성 이론이든 유식론이든 사실 진짜로 흥미를 느끼는 사람은 별로 없었고 듣고서 이해할 수 있는 사람도 별로 없었다.

이해받지 못한 현장은 어쩔 수 없이 주로 『서유기』를 통해서, 부차적으로는 『대당서역기』를 통해서 역사와 사람들의 마음속에 살아남았다. 그가 목숨처럼 여긴 유식론은 신해혁명 이후에야 다시 거론되었다.[2]

번창하기 시작한 것은 정토종淨土宗과 선禪이었다.

정토종과 선종은 모두 중국 불교의 종파이고 중국인이 가장 좋아한 종파이기도 하다. 차이가 있다면 지식인은 선종을 애호했고 일반 민중은 대부분 정토종을 수행했다. 정토종이 가장 환영을 받은 것은 이치가 통속적이며 이해하기 쉽고 방법도 간단하고 실천하기 쉽기 때문이었다. 일자무식인 사람도 정토종을 통해 고해에서 벗어날 수 있었다.

그렇다면 정토종의 이치는 무엇이었을까?

내세와 왕생을 추구하는 것이었다.

정토종은 신도들에게 우리 인생은 매우 고통스럽다며 다음과 같이 말했다. 막 생겨난 어린 생명은 자궁이라고 불리는 공간에서 양수라 **106**

2   덩샤오망鄧曉芒의 『사상의 장력思想的張力』 서문을 참고.

는 액체 속에 잠겨 있는데, 뜨겁고 어두컴컴한 그 상태는 그야말로 고통스럽기 그지없다. 우리는 형언하기 어려운 그 고통을 더 참지 못할 지경에 이르러서야 겨우 밖으로 나온다. 그러나 나오는 길도 너무나 좁고 요 위에 떨어질 때도 통증을 피하기 어렵다. 그래서 아기들은 결국 예외 없이 '으앙' 하고 울음을 터뜨린다. 자, 누가 생각해도 그렇지 않은가?[3]

신도들은 모두 고개를 끄덕였다.

그러는 게 당연하다. 땅에 떨어지고도 깔깔 웃을 사람이 어디 있겠는가?

이어지는 삶도 평탄치 않다. 걱정과 두려움이 평생토록 따라다닌다. 황제는 제위를 빼앗길까 두려워하고, 관리는 파직을 당할까 두려워하고, 상인은 손해를 볼까 두려워하고, 도둑은 목이 달아날까 두려워하니 세상에 고민 없는 사람은 아무도 없다. 부부는 생사의 이별을 하고, 원수는 외나무다리에서 만나고, 좋은 일은 원해도 오지 않고, 나쁜 일은 피하려 해도 피할 수 없으니 그 고통은 상상하기도 어렵다. 자, 누가 생각해도 그렇지 않은가?

신도들은 또 고개를 끄덕였다.

확실히 사람으로 살아가는 것은 보통 일이 아니다.

그래서 불교의 사성제四聖諦 중 첫 번째는 고제苦諦다. 옛날에 석가모니가 왕자의 몸인데도 의연히 출가한 것은 왕성王城의 네 문에서 생로

---

3 불교는 인생의 고통을 생, 로, 병, 사, 애별리愛別離(사랑하는 사람과 헤어지는 것), 원증회怨憎會(미워하는 사람과 만나거나 살아야 하는 것), 구부득求不得(구해도 얻지 못하는 것), 오성음五盛陰(다섯 가지 의식 작용인 오온五蘊에 탐욕과 집착이 번성한 것)으로 정리하고 이를 합쳐서 팔고八苦라 했다. 『대열반경大涅槃經』을 참고.

병사의 네 가지 고통을 보고 '인생은 고통'이라는 결론을 얻었기 때문이다. 이 결론은 불교에서 절대로 뒤엎을 수 없는 진리여서 진실, 즉 '제諦'라고 불린다.

문제는 왜 그러느냐는 것이다.

그렇다면 원인을 찾아야 한다. 만약 제대로 원인을 찾았다면 그것이 집제集諦라는 것을 알 것이다. 정토종에서는 우리가 잘못된 곳, 즉 이 혼탁한 동방의 예토穢土에서 태어난 것 자체가 원인이라고 생각한다. 따라서 그 해결 방법은 간단하다. 바로 다음 생을 얻어 서방 정토에서 다시 태어나는 것이다. 정토는 부처가 사는 땅이다. 부처도 헤아릴 수 없이 많고 정토도 헤아릴 수 없이 많다. 동방 예토에서 서방 정토로 옮겨 가기만 하면 부처의 빛 아래에서 비할 데 없이 행복할 것이다.

문제는 인생이 고통인 것이고 그 원인은 잘못 태어난 것이며 그 해결 방법은 정토에서 다시 태어나는 것이다. 이치가 이렇게 간단명료한데 왜 군이 유식론 같은 것을 배우겠는가?

남은 것은 어떻게 실행하느냐는 것이다.

그것은 더 간단하다. '나무아미타불南無阿彌陀佛'을 외우기만 하면 된다. '나무'는 경의를 표한다는 뜻이고 '아미타불'은 서방 정토(극락세계)로 중생을 인도하는 부처. 누구든 아미타불을 믿고 경의를 표하기만 하면 아미타불은 그를 맞이해 서방 정토로 데려다준다.[4]

그렇게만 되면 당연히 더할 나위 없이 좋지만 아쉽게도 내세까지 기

---

4 아미타불은 '무량수불無量壽佛' 등 18개의 이름이 있다. 밀교密敎에서는 감로왕甘露王이라고 부르며 서방 극락세계의 교주다.

다려야 한다. 남은 날이 멀기만 한데 혹시 우리 눈앞에 넘기 힘든 고비가 닥치면 또 어떻게 해야 하는가?

'나무관세음보살南無觀世音菩薩'을 외우면 된다.

'관세음보살'은 중국의 성모로서 대자대비하여 고난에 처한 사람을 구제하며 천 개의 손과 천 개의 눈 그리고 헤아릴 수 없이 많은 화신을 갖고 있다. 그래서 관세음보살의 이름을 외우기만 하면 어떤 난제도 술술 다 풀린다. 관세음보살은 중생의 요구를 그냥 지나치는 법이 없다.

이것은 이슬람교의 샤하다와 다소 비슷하다. 그러나 샤하다를 외우는 것은 신앙을 확고히 하기 위해서이고 부처의 이름을 외우는 것은 문제를 해결하기 위해서다.

관세음보살은 현실의 문제를, 아미타불은 종말의 문제를 해결하여 이승과 내세를 다 보장해주었다. 더구나 수행 방식이 염불만 하면 될 정도로 간단해서 아무리 무식한 사람도 배우고 실행할 수 있었으니 당연히 그 시대에 크게 유행했다.

하지만 정토종도 문제가 없지는 않았다.

가장 큰 문제는 불교와 중국의 전통, 특히 유가 윤리 사이의 충돌을 해결할 수 없는 것이었다. 그들이 선양하고 고취한 서방 정토와 극락세계에서는 황제가 특별한 지위를 갖지 못했다. 그곳에서는 모두가 평등한데 존귀한 황제가 어떻게 그것을 참을 수 있겠는가? 그래서 제국의 통치자는 불가피하게 그것이 어떤 음모일지도 모른다고, 아무도 증명할 수 없는 내세라는 것을 이용해 임금과 신하로 이뤄진 현존 질서를, 심지어 정권을 전복하려는 것일지도 모른다고 의심했다.

공교롭게도 정토종은 그런 의심에 증거를 제공했다. 불교가 중국에 전해졌을 때부터 승려들은 황제에게 엎드려 절하는 것을 한사코 거부하고 그저 합장으로 존경을 표시하기만 했다. 자신들은 이미 출가를 하여 부처의 제자이지 신민臣民이 아니라는 것이 그 이유였다. 이것은 당연히 "하늘 아래 왕의 신민이 아닌 사람이 없다普天之下, 莫非王臣"는 관념에 대한 심각한 도전이었으며 정토종의 시조인 동진의 고승 혜원慧遠은 『사문불경왕자론沙門不敬王者論』을 저술해 이를 논리적으로 뒷받침하기도 했다. 이로 인해 불교는 황권과 불화가 생길 수밖에 없었다.

그들의 또 다른 원칙도 유가의 불만을 샀다. 그것은 바로 독신 생활 및 가족과의 절연이었다. 성생활을 삼가는 것은 그들 자신의 일이었다. 하지만 아이를 안 낳는 것은 사회 전체와 관련이 있었다. 만약 모두가 아이를 안 낳으면 중국 민족은 어떻게 유지될 것이며 노동력은 또 어디서 조달할 것인가? 계속 그런 식으로 나가면 어찌 망국의 화근이 아니겠는가?

하물며 세 가지 불효 가운데 가장 큰 것은 후손이 없는 것이었다. 중국 문명은 가문을 근본으로 삼고 조상 숭배로 사람들의 마음을 한데 모았다. 그런데 아이를 안 낳고 아버지의 성도 안 따른다면 서주가 닦은 문명의 기초가 밑동부터 흔들릴 게 뻔했다. 그것은 오랑캐의 옷을 입는 것보다, 심지어 오랑캐를 황제의 자리에 앉히는 것보다 훨씬 심각한 일이었다.

황제를 공경하지 않는 것은 임금에 대한 부정이고 아버지의 성을 안 따르는 것은 어버이에 대한 부정이었다. 임금을 부정하고 어버이를 부정한다면 짐승이나 다름없었고 자손이 끊기는 것은 더 말할 나위도 없었다. 그래서 자신들이 이러는 것은 황권 정치를 더 잘 옹호하기 위해서라고 혜원이 거듭 해명했고 또 집에서 수행하는 거사居士(속세에 있으면서 불교를 믿는 남자)들도 예전처럼 충과 효를 다했는데도 불구하고 여전히 우려가 안 가셨다.[5]

확실히 정토종만 있었다면 불교는 중국에 정착하기 힘들었을 것이다. 유가 윤리와 전혀 충돌하지 않으면서도 스스로 체계를 이룰 수 있는 종파가 꼭 있어야 문제를 근본적으로 해결할 수 있을 듯했다.

이에 선종이 시운을 타고 탄생했다.

111

---

5 혜원의 관점은 런지위 주편, 『중국불교사』를 참고.

선종 이야기

석가모니가 영취산靈鷲山에서 설법을 하던 날에 꽃이 있었는지 없었는지는 알 길이 없다.[6]

이치대로라면 있었을 것이며 틀림없이 하늘에서 떨어졌을 것이다. 남량의 고승 운광雲光이 양무제를 위해 설법을 할 때 너무 감동적이어서 하늘에서 꽃이 펄펄 떨어져내렸고 이를 '천화난추天花亂墜'라고 했다. 또 동진의 고승 도생道生이 호구산虎丘山에서 경전을 강설할 때는 산의 돌들이 연신 옳다고 고개를 끄덕여서 '완석점두頑石點頭'라고 했다. 그러니 석가모니가 그보다 못했을 리가 있겠는가?[7]

어쨌든 석가모니는 "꽃 한 송이를 들어 사람들에게 보여주었다拈花示衆".

아무도 그것이 무슨 뜻인지 이해 못하는 가운데, 오직 제자 가섭迦葉만 빙그레 미소를 지었다. 이에 석가모니는 말했다.

"오늘부터 나는 따로 진리를 전하는 길을 열어, 아무 말도 하지 않고 112

---

6 영취산은 영산靈山이라고도 하며 석가모니가 생전에 설법을 한 곳이다.

7 천화난추의 이야기는 송나라 장돈이張敦頤의 『육조사적편류六朝事跡編類』를, 완석점두의 이야기는 석혜교釋慧皎의 『고승전高僧傳』을 참고. 『사원詞源』에서는 석가모니의 설법이 천신天神을 감동시켜 하늘에서 각양각색의 향기로운 꽃이 떨어지며 허공에 흩날렸다고 말한다. 하지만 출처는 밝히지 않았다.

단지 마음에서 마음으로 뜻을 전하겠다. 이 새로운 법문法門(부처가 설법한 가르침)과 종파는 이제 가섭에게 넘기겠다."[8]

선종은 이렇게 회심의 미소 속에 탄생했다.

그것의 근본 주장은 "말이나 글에 의지하지 않고 곧장 인간의 본성을 꿰뚫어 보면 부처가 된다不立文字, 見性成佛"는 것이었다.

하지만 이 이야기는 믿기 어렵다. 석가모니의 불교 창립은 그리스도와 무함마드와 마찬가지로 말에 의지했기 때문이다. 불경은 『코란』처럼 제자들이 기록해 정리해냈다. 그래서 흔히 '여시아문如是我聞', 즉 "나는 석가모니에게 이렇게 들었다"로 시작된다. 가섭도 무슨 "마음으로 도의 요체를 전하는道體心傳" 것의 개창자가 아니라, 거꾸로 불경 편찬의 발기인이었다.[9]

실제로 선종은 중국 불교의 종파이지, 인도 불교에서는 유사한 주장이 없었다. '선Dhyana'의 본래 뜻은 정려靜慮, 즉 고요한 생각으로 '정Samadhi(집중)'과 합쳐 선정禪定이라고도 한다. 꽃과 미소와는 전혀 상관이 없으며 "언어를 빌리지 않고 마음에서 마음으로 진리를 전한다教外別傳"는 의미도 없다. 그래서 가섭의 이야기는 날조된 것일 뿐만 아니라 달마達磨가 중국 선종의 창시자로 숭상을 받는 것도 매우 의심스럽다.

외국인 승려 달마는 실존한 인물이며 중국의 황제를 알현한 적도 있기는 하다. 그때는 양무제가 동태사同泰寺에서 첫 번째 출가를 한 서기 527년(남량 보통普通 8)이었다. 당시 불교의 최대 후원자였던 그 황제

---

8 이 사적은 『오등회원五燈會元』 1권을 참고.
9 전해지는 이야기에 따르면 석가모니가 열반한 해에 가섭이 아난타阿難陀 등 500명을 소집해 최초의 불전 결집을 주도했다고 한다.

는 득의양양해서 대뜸 자기가 쌓은 공덕이 어느 정도냐고 물었다. 이에 달마는 답했다.

"공덕이랄 것이 없습니다."

아무도 그런 대답을 예상치 못했지만 달마는 당당했다. 불법을 닦는 것은 본디 해탈을 구하기 위한 것인데 양무제는 엉뚱하게도 복을 받기를 바랐기 때문이다. 사원에 돈을 기부하고 이득을 얻으려 한다면 장사를 하는 것과 무슨 차이가 있겠는가?

그러나 양무제는 여전히 깨닫지 못하고 또 물었다.

달마동도達磨東渡
시안西安의 비림碑林에 새겨진 그림의 일부. 달마의 제자로는 혜가慧可 외에 도육道育, 승부僧副, 담림曇林 등이 있었다.

달마송達磨頌
북송의 황정견黃庭堅이 쓴 「달마송」의 비석 탁본

"그러면 진짜 공덕은 무엇인가?"

"이 세상에서는 구하지 못합니다."

"그러면 성스러운 진리 중 으뜸가는 것은 무엇인가?"

"텅 비고 고독하여 성스러울 것이 없습니다."

"그러면 짐에게 대답하는 사람은 누구인가?"

"저는 알지 못합니다."[10]

두 사람은 전혀 소통이 안 됐고 어쩔 수 없이 각자 제 갈 길을 갔다. 양무제는 계속 자기 방식대로 복 받을 일을 했고 달마는 숭산嵩山 소림사少林寺에 가서 면벽 수행을 했다. 전설에 따르면 달마는 갈대 한 그루를 타고 장강을 건넜다고 한다. 그리고 산속 동굴에 들어가서는 9년간 꼼짝 않고 앉아 있었다. 한 승려가 그를 스승으로 모시겠다고 폭설 속에서 밤새 서 있다가 스스로 왼쪽 팔을 자를 때까지 말이다.

그 승려의 이름은 혜가慧可였다.

달마가 혜가에게 물었다.

"너는 무엇을 구하기에 이러는 것이냐?"

"저는 마음이 불안합니다."

"마음을 내게 다오, 내가 편안하게 해줄 테니."

"제 마음을 찾아서 드릴 길이 없습니다."

"나는 이미 네 마음을 편안케 해주었다."

115 이에 혜가는 깨달음을 얻었다.

---

10 『오등회원』 1권, 『경덕전등록景德傳燈錄』 3권, 『육조단경』 「결의품決疑品」을 참고.

깨달음을 전수받은 혜가는 달마의 계승자가 되었다. 달마는 임종 전에 가사 한 벌과 바리때(공양 그릇) 한 개를 그에게 전했다. 가사는 목면木綿으로 만들어져 일명 목면 가사라 불렸다. 목면은 면화를 가리킨다. 그때 면화는 아직 중국에 들어오지 않았고 중국에는 누에고치 실로 만든 사면絲綿(명주)밖에 없었다. 그래서 인도에만 있는 면화는 '목면'이라 불렸다. 식물에서 얻은 '사면'이라는 뜻이었다.

혜가가 받은 가사와 바리때는 보통 물건이 아니었다. 일설에 따르면 본래 석가모니가 가섭에게 준 것이었는데 다시 28대를 거쳐 달마에게 전해졌다고 한다. 이것은 당연히 전설일 뿐이지만 결코 의미가 없지는 않다. 선종은 종파이지 학파가 아니었기 때문이다. 학파는 사상과 관점만 일치하면 됐지만 종파는 조직까지 있어야 했다. 또 종파는 대대로 명분을 갖고 이어져야 했으며 전국옥새傳國玉璽(춘추전국시대의 유명한 옥인 화씨지벽和氏之璧으로 만들어진 진시황의 옥새로 이후 천여 년간 여러 왕조를 거쳐 전해지다가 후당 말제 때 유실되었다고 한다) 같은 물증도 필요했다. 가사와 바리때, 즉 의발衣鉢은 바로 그런 기능을 했다.[11]

더욱이 선종은 언어에 의지하지 않고 이심전심으로 대를 이었으니 문제가 생길 가능성이 컸다. 장문인이 바뀔 때 서로 미소만 짓고 넘어갈 수는 없는 노릇이었다. 그래서 이심전심을 주장한 선종이 오히려 더 물증이 필요했으며 달마도 의발을 전수할 때 "안으로 바른 법을 전해 불심을 증명하고, 밖으로는 가사를 맡겨 종지宗旨를 정한다內傳法印, 以契

---

11   가사의 내력은 『경덕전등록』 1권을, 바리때의 내력은 『구당서』 「신수전」을 참고.

선종의 이조 혜가
숭산 소림사의 비석에 새겨진 그림. 혜가는 107세를 살고
수문제 개황開皇 13년에 입적해 대조선사大祖禪師라는 시
호를 받았다.

證心. 外付袈裟, 以定宗旨"라는 말을 남겼다.

바로 여기에서 "스승이 의발을 제자에게 전한다衣鉢傳人"는 말이 나
왔다.

그런데 예기치 않게 그 의발이 큰 문제를 일으켰다.

달마가 의발을 혜가에게 전하여 혜가는 그의 법사法嗣(선종 불법의 계
승자)이자 중국 선종의 이조二祖, 즉 제2대 조사가 되었다. 그 후, 혜가는
승찬僧璨에게, 승찬은 도신道信에게, 도신은 홍인弘忍에게 의발을 전했다.

오조五祖 홍인은 도신을 만나자마자 그의 눈에 들었다. 당시 홍인은
어머니를 따라 구걸을 다니는 사생아일 뿐이었고 사람들에게 '무성無性'
이라고 불렸다. 그러나 도신은 그가 혜안慧眼(불법의 지혜를 깨닫는 천부적인
재능)의 소유자임을 알아보고 제자로 거두고 싶은 생각이 들었다.

그래서 도신은 물었다.

"얘야, 네 성姓이 무엇이냐?"

홍인이 답했다.

"성이 있기는 한데 다른 사람들하고는 달라요."

"그게 무엇이냐?"

"불성佛性이에요."

불성의 성은 당연히 성씨의 성이 아니다. 단지 음이 같을 뿐이다. 그러나 어린애가 그런 대답을 하니 도신은 새삼 놀라지 않을 수 없었다. 그래서 다시 물었다.

"설마 성姓이 없는 게냐?"

"성性은 비어서[空] 없는[無] 걸요."

이것이 바로 "불문에 들지 않고도 이미 성불한未入佛門, 已然成佛" 예다. 그래서 훗날 홍인이 자신의 법사를 고를 때는 그 문턱이 낮을 수가 없고 훨씬 더 높아졌다. 하물며 그때 선종의 지위는 과거에 비할 바가 아니어서 의발도 암암리에 쟁탈의 대상이 되었다. 사람을 잘못 고르거나 처리 과정이 부당하면 심각한 결과를 낳을 게 뻔했다.

홍인은 경쟁을 시키기로 했다.

그 당시 규칙에 따르면 불법을 전하려면 게송偈頌을 지어야 했다. 선사禪師는 게송으로 제자의 잘못을 고쳐주고 제자는 게송으로 선사에게 자신의 심득心得을 알렸다. 그래서 홍인은 제자들에게 이렇게 선포했다.

118

"너희는 각자 본성에 따라 게송을 짓거라. 가장 깨달음이 깊은 게송을 지은 사람에게 의발과 불법을 전하겠다."

그 결과, 한 제자가 먼저 숙제를 냈다.

몸은 보리수菩提樹이고
마음은 명경대明鏡臺(사람의 생전 행실을 그대로 비춰주는 저승 입구의 거울)이니
수시로 부지런히 털고 닦아
때가 안 끼게 해야 하네
身是菩提樹
心如明鏡臺
時時勤拂拭
莫使惹塵埃

홍인은 깊이 실망했다.[12]

그렇다. 보리수이기도 하고 명경대이기도 한데 수시로 '정신의 오염'도 방지해야 한다니, 그것은 "세상 모든 것이 공허하다四大皆空"는 것인가, 아니면 그 반대인가? 조금 심하게 얘기하면 이 게송은 아직 입문도 제대로 못한 셈이었다.

위의 게송을 지은 사람은 신수神秀였으며 그도 보통 사람은 아니었다. 어려서부터 박학했던 그는 절에 들어와 나무를 하고 물을 긷는 것

119

---

12   위의 이야기는 『오등회원』 1권, 『경덕전등록』 3권을 참고.

부터 시작해 그때는 이미 상좌上座(득도한 고승)의 자리에 올라, 막 출가한 이들에게 예의를 전수하는 일을 맡고 있었다. 나중에 홍인이 입적한 뒤에는 그 유지를 이어 선종을 크게 보급함으로써 선종 북종北宗의 시조가 되었다. 그는 90여 세의 나이에 무측천의 초청으로 낙양에 간 적이 있었는데 역사에서는 그를 가리켜 '두 도읍의 법주, 세 황제의 문사兩京法主, 三帝門師'(법주는 종파의 우두머리, 문사는 속인이 모시는 불가의 스승이며 두 도읍은 장안과 낙양, 세 황제는 중종, 예종, 무측천이었다)라고 했다.

그러나 홍인은 신수에게 의발을 전하지 않았다. 신수에게 실망해서이기도 했지만 사실 또 다른 제자가 더 훌륭한 숙제를 내는지 안 내는지 기다리고 있었기 때문이다. 홍인은 그에게 어떤 느낌이 있었고 심지어 이번 시험도 그를 위해 마련한 것이었다. 그 제자는 아직 머리를 깎지 않은 행자行者로서 부엌에서 잡일이나 하고 있었는데도, 그리고 홍인 자신의 결정이 앞으로 불교계에 어떤 파장을 일으킬지 모르는데도 그랬다.13

그러면 홍인이 점찍고서 기다리고 있던 그 제자는 누구였을까?

바로 혜능惠能이었다.14

13 이 시험의 본래 의도와 홍인이 마음속으로 이미 혜능을 내정했었는지에 관해서는 역사적으로 명확한 견해가 없다. 그런데 『육조단경』 「행유품行由品」을 보면 시험 직전, 홍인이 주방에 가서 혜능에게 "나는 네 견해가 쓸 만하다고 생각하지만 너를 해치려는 사람이 있을지도 몰라 너와 말하지 않겠다. 알겠느냐?"라고 했다고 한다. 만약 홍인이 혜능의 비범함을 발견하지 못했다면 학문으로나 지위로나 신수가 법사가 돼야 마땅하다. 신수는 경쟁 상대가 없어서 본래는 절 전체의 승려들에게 시험에 참여하고 게송을 내라고 할 필요도 없었다. 따라서 홍인은 비록 혜능이 한눈에 마음에 들긴 했지만 감히 경솔하게 행동할 수 없었고 확신도 부족했기 때문에 그런 시험을 벌였을 가능성이 크다. 하지만 『육조단경』은 혜능 일파의 일방적인 저작이어서 역사적 진실이 꼭 그랬으리라고는 볼 수 없으므로 독자들은 참고만 해도 무방하다.

육조 혜능

육조六祖 혜능은 일자무식이었다.

확실히 혜능은 무함마드와 비슷한 점이 많다. 출신은 괜찮았는데 가세가 기운 것도 그렇고 어릴 때 아버지를 잃고 스스로 노력을 게을리 하지 않은 것도 그렇다. 선지자는 유복자였지만 혜능의 아버지는 파직을 당하고 영남嶺南(지금의 광둥)에 유배된 지 얼마 안 돼서 세상을 떠났다. 세 살에 아버지를 여읜 혜능은 어머니와 서로 의지하고 살면서 산에서 땔감을 채취해 팔며 어렵게 하루하루를 보냈다. 만약 한 선비의 도움이 없었다면 그는 아예 홍인에게 가서 불법을 배우지도 못했을 것이다.

그런데 선지자는 이슬람교를 세우면서 하늘의 계시에 의지했지만 혜능은 타고난 재질에 의지했다. 훗날의 그 육조 선사는 확실히 잠재된 지혜가 있었다. 그래서 그가 쌍봉산雙峯山 동선사東禪寺에 가서 처음

121

14 혜능惠能 또는 혜능慧能은 범양范陽(지금의 허베이 쥐저우涿州) 사람으로 속성俗姓은 노盧 씨다. 아버지가 유배를 당해 신주新州(지금의 광둥 신싱新興)에 갔고 아버지를 여읜 뒤에는 어머니를 따라 남해南海(지금의 광둥 난하이南海)로 이주했다. 그는 24세에 마음씨 좋은 거사의 도움을 받아 기주蘄州 황매의 쌍봉산에 가서 오조 홍인에게 불법을 배웠다. 이 책에 나오는 혜능의 이야기는 『육조단경』「행유품」과 『오등회원』1권, 『경덕전등록』3권을 참고했다. 그리고 따로 딩푸바오丁福保의 『육조단경천주六祖壇經淺注』에 실린, 혜능의 문인 법해法海의 『육조단경』서문을 보면 혜능의 이름이 어릴 적 어느 고승에게서 얻은 것이며 뜻은 "중생에게 은혜를 베풀고 능히 불가의 일을 하는 것惠施衆生, 能作佛事"이었다고 한다. 이에 따르면 혜능의 본명은 노혜능이며 혜능이란 이름은 결코 홍인이 준 법명이 아니다.

홍인을 만났을 때 홍인은 그에게서 남다른 점을 느꼈다.

홍인은 우선 관례대로 물었다.

"그대는 어디에서 왔는가?"

혜능이 답했다.

"영남에서 왔습니다."

"뭘 하고 싶은가?"

"부처가 되고 싶습니다."

"영남 사람은 야만스러운데 어떻게 불법을 배우겠는가?"

혜능은 반문했다.

"사람은 남과 북의 구분이 있지만 불성도 그렇단 말입니까?"

홍인은 속으로 깜짝 놀라 보살의 화신이 왔구나 싶었다. 동시에 이 일을 퍼뜨려서는 안 된다는 것을 알았다. 그래서 시치미를 떼고 혜능에게 주방에 가서 장작을 패고 방아를 찧으라고 명했다. 머리를 깎게 해주지도 않았다. 그러고서 8개월 뒤, 게송으로 후계자를 정하겠다고 선언한 것이었다.

혜능은 과연 기대를 저버리지 않았다. 신수의 뒤를 이어 게송을 쓰겠다고 나섰다. 하지만 글을 모른다는 이유로 먼저 구술을 하고 남을 시켜 벽에 베껴 쓰게 했다.

보리(지혜)는 본래 나무가 없고

명경(밝은 거울)도 받침대가 없으니

본래 한 사물도 없거늘

어디에 때가 끼겠는가

菩提本無樹

明鏡亦非臺

本來無一物

何處惹塵埃

신수가 "몸은 보리수이고/ 마음은 명경대이니/ 수시로 부지런히 털고 닦아/ 때가 안 끼게 해야 하네"라고 했던 것을 떠올리면 깨달음의 수준 차이가 쉽게 판별이 된다.

홍인은 기쁘기도 하고 난처하기도 했다. 서열을 따지면 신수를 택해야 했고, 자질을 따지면 혜능을 택해야 했다. 그런데 게송 하나만 갖고 일개 잡역부를 문중의 조사祖師로 정한다면 신수가 불복할 뿐만 아니라 다른 제자들도 설득하기 어려울 듯했다. 더욱이 혜능은 깨달음이 투철하고 신수는 인망이 높아서 누구를 뽑는 게 나을지 판단하기 어려웠다.

홍인은 또 한 번 시험을 해보기로 마음먹었다.

이튿날, 아마도 저녁이었을 것이다. 홍인은 몰래 부엌에 들어갔다가 혜능이 허리에 돌멩이를 묶은 채 디딜방아를 밟고 있는 것을 보고서 물었다.

"너는 쌀을 다 찧었느냐?"

혜능이 답했다.

"진작에 다 찧고 1사籭(체)만 남았습니다."

그것은 두 가지 뜻을 가진 말이었다. '체 사籭' 자는 아랫부분이 '스승 사師' 자다.

홍인은 알아듣고 지팡이로 방아를 세 번 두드렸다.

혜능도 알아듣고 삼경(자정)에 홍인의 방을 찾아갔다.

이 일은 매우 미심쩍다. 혜능은 어떻게 체 사 자 아랫부분이 스승 사 자인 걸 알았을까? 그는 스스로 글을 모른다고 하지 않았던가?

아마도 혜능은 일자무식이 아니었던 것 같다. 스스로 글을 모른다고 한 것은 겸양이었을 수도 있고 언어에 의지하지 않는다는 종지를 관철한 것일 수도 있다. 일설에 따르면 아직 머리를 깎지 않았을 때 그는 한 노파에게 『반야경』의 의미를 해설해준 적이 있다고 한다. 노파가 경서를 들고 글자를 물었는데 "여러 부처의 묘한 이치는 문자와는 관련이 없습니다諸佛妙理, 非關文字"라고 답했다는 것이다. 따라서 그는 글자는 알았지만 쓰지 않았거나, 쓸 줄 몰랐거나, 쓰고 싶어하지 않았을 가능성이 크다.[15]

혜능이 방에 들어오자 홍인은 그에게 『금강경』을 강의해주었다. 그러다가 "마땅히 머무는 바 없이 마음이 생겨야 한다應無所住而生其心"라는

124

---

15 성운星雲 법사의 『육조단경강화六祖壇經講話』에서는 겸손이었다고 말한다. 그리고 이 일이 언제 일어났느냐에 대해서는 의견이 갈린다. 『오등회원』에서는 혜능이 출가하기 전이라 하고, 『육조단경』에서는 홍인에게 의발을 받은 뒤 법성사에 가서 신분을 밝히기 전이라고 한다.

구절에 이르렀을 때 혜능은 돌연 크게 깨닫고 말했다.

"중생의 본성은 원래 청정하고, 한결같고, 불성이 족하고, 흔들리지 않고, 모든 것을 망라합니다."

홍인은 그 순간 선종의 육조는 그가 아니면 안 된다는 것을 깨달았다.

이에 당장 그에게 가사와 바리때를 전하면서 말했다.

"초조初祖(달마)가 서쪽에서 오셨을 때 믿는 사람이 없어 이것들을 증거물로 삼았었다. 이제는 자리가 잡혔으니 너에게서 멈춰야 한다. 의발은 분쟁의 씨앗이니 이것을 전해 네 목숨이 위태로워질까 걱정이다. 여기에 오래 머물러서는 안 되니 어서 떠나거라!"

스승과 제자는 밤새 걸어 강변으로 갔다.

배를 탄 뒤 혜능이 말했다.

"스님은 앉으십시오. 제자가 노를 젓겠습니다."

홍인은 그의 말을 듣지 않았다.

"이번에는 내가 너를 건너게[度] 해주겠다."

이 말에도 두 가지 뜻이 있었다. 불가에서는 "자비의 배로 중생을 널리 제도하는慈航普度" 것을 강조하며 제자를 제도하는 것은 스승의 책임이다. 그리고 제도濟度의 '도度' 자와 건널 '도渡' 자는 발음이 같다. 그래서 혜능이 강을 건너게 해주는 것은 곧 그를 피안彼岸에 이르게 제도하는 것이었다.

125

그러나 혜능은 말했다.

"길을 모를 때는 스승님이 제도해주셔야 하지만 이미 깨달았으니 스스로 제도하겠습니다."

이 말은 옳았다. 깨달음은 어쨌든 각자의 몫인 것이다.

홍인은 고개를 끄덕이고는 한숨을 내쉬었다.

"그렇구나. 3년 뒤에 내가 입적하고 나면 불법은 너에 의지해 크게 퍼질 것이다!"

혜능이 뭐라고 대답했는지는 기록에 없다. 다만 그가 스승과 헤어진 뒤 남쪽으로 가서 이름을 숨기고 살다가 시기가 무르익은 것을 알고서 다시 세상에 신분을 드러냈다고만 나와 있을 뿐이다. 그때는 아랍인이 진작에 4대 칼리파 시대를 마치고 우마이야 왕조를 건립한 지 이미 15년이 지났을 때였다.

혜능은 광주廣州 법성사法性寺에 나타났다.

그날따라 절 안에 세워둔 깃발이 펄럭이고 있었다.

주지였던 인종印宗 법사의 『열반경』 강의를 막 듣고 나온 승려들이 어떤 문제에 관해 제각기 떠들기 시작했다.

"깃발은 무정물無情物(의식 없는 사물)인데 왜 움직이는 걸까?"

"바람이 불어서 그렇지."

"바람도 무정물인데 왜 움직이는 걸까?"

누가 "인연이 합쳐져 그런 거겠지"라고 했다.

육조전법도六祖傳法圖

명나라 만력萬曆 연간에 나온『육조대사 법보단경六祖大師法寶壇經』속 그림. 이 책의 전체 명칭은 '南宗頓教最上大乘摩訶般若波羅蜜經六祖惠能大師於韶州大梵寺施法壇經'이다. 육조 혜능이 불법을 얻고, 의발을 이어받고, 가르침을 편 사적을 기록했다. 행유行由, 반야般若, 결 의決疑, 정혜定慧, 묘행妙行, 참회, 기연機緣, 돈점頓漸, 호법護法, 부촉付囑, 이렇게 10품을 포 괄한다.

누구는 또 "깃발이 움직이는 게 아니라 바람이 알아서 움직이는 거야"라고 했다.

그때 혜능이 사람들 속에서 나와 승려들을 꾸짖었다.

"무슨 깃발이 움직이고 바람이 움직인다는 것인가. 다 너희의 마음이 움직이는 것일 뿐이다!"

마침 옆에서 쉬고 있던 인종 법사는 소스라치게 놀랐다. 그는 공손히 혜능을 자기 방에 데리고 가 바람과 깃발의 문제에 관해 계속 이야기를 나눴다. 혜능은 태연자약하게 그 원리를 찬찬히 설명했다. 인종은 들으면 들을수록 매료되어 저도 모르게 일어나서 말했다.

"일찍이 오조(홍인)의 법사가 이 영남 땅에 오셨다는 풍문을 들었는데 설마 귀하이신가요?"

"감당하기 어렵습니다."

"청컨대 의발을 보여주시면 사람들에게 알리겠습니다."

혜능은 그제야 의발을 꺼냈고 인종은 혜능의 머리를 깎아준 뒤 그를 스승으로 모셨다. 그 후로 혜능은 영남에서 설법을 하고 제자를 받아 선종의 남종南宗을 창립했다. 신수가 대표하는 다른 일파는 북종이라 불렸다.

그때는 현장 법사가 장안으로 돌아온 지 31년, 혜능이 황매黃梅 쌍봉산에서 홍인을 만난 지 15년이 흐른 뒤였다. 언젠가 혜능은 과거가 떠올라 홍인에게 이런 말을 했다.

선종의 세계世系 간이표

보리달마
菩提達磨

이조혜가
二祖慧可

삼조승찬
三祖僧璨

사조도신
四祖道信

오조홍인
五祖弘忍

육조혜능
六祖惠能

북종신수
北宗神秀

남악회양
南嶽懷讓

청원행사
靑原行思

마조도일
馬祖道一

석두희천
石頭希遷

백장회해
百丈懷海

남천보원
南泉普願

흥선유관
興善惟寬

약산유엄
藥山惟儼

단하천연
丹霞天然

천황도오
天皇道悟

황벽희운
黃檗希運

조주종심
趙州從諗

용담숭신
龍潭崇信

임제의현
臨濟義玄

덕산선감
德山宣鑑

선종의 세계는 복잡하고 사람 수도 많다. 이 표에는 이 책과 관련 있는 인물만 넣었다.

"사람은 남과 북의 구분이 있고 불성은 없는데 선종이 남과 북으로 나눠질지 어떻게 예상했겠습니까?"[16]

그 후로 선종은 계속 법사는 있었지만 의발은 전하지 않았다. 그렇다. 남종과 북종이 각기 정통임을 자처하고 있는 상황에서 꼭 의발을 증거로 내세워야 했다면 십중팔구 집안싸움이 벌어졌을 것이다. 반대로 의발을 전하지 않으면 후계자의 숫자에 제한이 없어져 불법을 펴는 데 더 유리할 게 뻔했다. 더구나 본래 한 사물도 없는데 굳이 의발이 왜 필요하겠는가?

사실상 육조 혜능 이후로 선종의 법사는 더 이상 일대일로 전승되지 않았으며 심지어 각자 따로 종파를 설립하기까지 했다. 또한 사조와 오조의 방계 출신까지 포함해 조祖라 칭하지 않고 세世라고 칭하게 되었다(앞의 표를 참고. 뒤에 언급될 인물들의 관계도 이 표를 참고). 달마부터 육조 혜능까지는 아랍인의 4대 칼리파에 해당하고 북종과 남종은 우마이야 왕조와 아바스 왕조에 해당한다고 말할 수 있다. 단지 선종의 우마이야와 아바스는 동시에 병존했다. 적어도 처음에는 그랬다.

그러나 최종적으로 널리 성행한 것은 남종이었고 훗날 사람들이 선종이라고 말하며 실제로 가리킨 것 역시 남종이었다. 남종은 선종과 동일시되었으며 북종을 언급할 때는 따로 설명이 필요했다. 이렇게 보면 혜능은 사실상 중국 선종의 창시자였다. 그래서 혜능의 언행을 기록한 책만 경전으로 불리는데 그 경전이 바로 『육조단경六祖壇經』이다.

130

---

16 혜능의 생애에 관해서는 역대로 의견이 분분하다. 『오등회원』 1권에 의하면 그가 황매 쌍봉산에 가서 홍인을 스승으로 모신 것은 당고종 함형咸亨 2년(671)이고 광주 법성사에 출현한 것은 의봉儀鳳 원년(676)으로 중간 기간이 5년밖에 안 된다. 이는 왕유王維, 유종원柳宗元이 「비명碑銘」에서 그가 남해에서 16년간 은거했다고 한 것과 부합하지 않는다. 이 책에서는 쉬원밍徐文明, 「육조 혜능의 생애와 사상六祖惠能的生平和思想」의 견해를 택했다. 이 논문에 따르면 혜능이 황매에 간 것은 당고종 용삭龍朔 원년(661)이고 광주 법성사에 나타난 것은 의봉 원년(676) 정월 8일로 그사이의 실제 기간은 15년, 햇수로는 16년이다.

그것은 석가모니만 누릴 수 있는 대접이었다.

그러면 그 이유는 또 무엇이었을까?

그 자리에서 바로 부처가 되다

남종의 우월성은 돈오頓悟를 주장한 데 있었다.

돈오와 점오漸悟는 남종과 북종의 근본적인 차이를 대표했다. 간단히 말해 신수는 "천천히 깨달음의 경지에 진입하는漸入佳境 것(점오)"을 주장했고 혜능은 "그 자리에서 바로 부처가 되는立地成佛 것(돈오)"을 주장했다. 천천히 수행해 깨달음을 얻는 것을 주장했기에 신수는 "수시로 부지런히 털고 닦으려" 했다. 반대로 단번에 목표에 도달할 수 있다고 생각했기에 혜능은 당연히 "본래 한 사물도 없다"고 말했다.

확실히 여기에는 옳고 그름의 구분은 없다. 혜능도 말하길, 바른 가르침에는 돈오와 점오의 구분이 없으며 단지 사람에 따라 개인의 차이가 있을 뿐이라고 했다. 누구는 민첩하고 누구는 둔하다는 것이었다. 둔한 사람은 점차적인 가르침을 수행해 순서에 따라 천천히 발전하고 민첩한 사람은 단도직입적인 가르침을 수행해 즉시 효과를 본다. 하지

만 스스로 본심을 인식하고 스스로 본성을 보기만 하면 양자는 차이가 없다.[17]

이것은 매우 일리 있는 견해다. 다만 안타깝게도 자기가 둔하다고 인정하는 사람은 없으며 또 모두가 속성을 선호해서 남종이 당연히 더 환영을 받았다.

그런데 문제는 돈오를 통해 부처가 되는 것, 즉 궁극적인 깨달음의 경지에 이르는 것이 가능하느냐는 것이었다.

소승小乘불교는 아니라고 했고 대승大乘불교는 그렇다고 했다.

'승'은 길이라는 뜻을 가진 산스크리트어 '야나yāna'의 음역이다. 한자 승의 본래 뜻은 수레이며 불교에서는 피안에 이르는 방법과 경로를 가리킨다. 하지만 소승과 대승의 가장 큰 차이는 교통수단에 있지 않고 성취하려는 목표에 있었다. 전자는 개인적인 해탈을 추구했고 후자는 중생을 널리 제도하고자 했다. 그래서 후자는 자신의 길과 사업이 크다고 생각해 자칭 대승이라 했고 전자를 소승이라 불렀다.

당연히 전자는 이를 인정하지 않고 스스로를 '상좌부上座部'라고 불렀다.

살펴보면 대승은 세상을 널리 제도하고자 했고 소승은 자기 자신의 구제에 집중했다. 이것은 당연히 어느 쪽이라도 상관없었다. 하지만 어쨌든 중생을 널리 제도하는 것이 필경 공덕이 크기는 했다. 소승은 그럴 생각은 없어도 반대까지는 안 했는데 왜 동의는 할 수 없었을까?

133

---

17 『육조단경』 「정혜품定慧品」을 참고.

관건은 불성佛性에 있었다.

불성은 본래 부처의 본성을 가리키며 여래성如來性이라고도 한다. 인간과 부처의 본질적인 차이는 부처의 본성이 불성, 인간의 본성이 인성이라는 점이다. 불성은 부처의 것인 이상, 인간의 것이 되기는 불가능하다. 그렇지 않다면 부처와 인간이 무슨 차이가 있으며 우리는 또 왜 부처를 모시겠는가? 그래서 소승불교는 인간이 부처가 되는 것은 불가능하며 다른 사람을 제도하는 것도 불가능하다고 생각했다. 기껏해야 나한羅漢(소승불교의 수행자 중 가장 높은 경지에 오른, 번뇌를 끊고 이치를 깨달은 성자)이 되어 스스로를 해탈시키는 게 고작이라고 보았다.

그러나 대승불교는 그런 경지를 높지 않다고 생각했다. 불법을 배운

『금강경』
명나라 동기창董其昌이 해서로 쓴 『금강반야바라밀경』의 청나라 탁본. 『금강경』은 대승불교 반야부 경전의 하나로서 오조 홍인, 육조 혜능 이후의 선종에서 가장 높은 지위를 가졌다. 이것은 기원전 494년에 책으로 묶였고 고대 인도에서 중국으로 전해진 뒤 동진부터 당나라까지 여섯 종의 번역본이 나왔다. 그중 가장 널리 보급된 것은 구마라습이 번역한 『금강반야바라밀경』과 현장이 번역한 『능단能斷금강반야바라밀경』이다.

다면 수행으로 부처가 돼야 한다는 것이었다. 설령 단번에 부처의 경지에 이르지 못하더라도 부처가 될 '후보자' 즉 보살은 될 수 있다고 했다. 목표를 높게 잡아야 중간이라도 가는 법이다. 목표를 낮게 잡으면 자칫 나한도 못 될 수 있다.

하물며 나한도 중생은 아니다. 이것은 곧 인성이 고쳐질 수 있고 부처와 인간도 결코 확연히 대립하지는 않음을 뜻한다. 오히려 수행과 노력을 통해 인간은 점차 부처를 향해 다가갈 수 있다. 수행하여 먼저 나한이 되고, 그다음에 보살이 되고, 마지막으로 부처가 될 수 있다. 이 점을 인정하지 않는다면 소승불교도 성립할 수 없다.

또 다른 문제는 인간이 어떻게 부처를 향해 다가갈 수 있느냐는 것이었다.

이에 대해서는 인성 속에 본래 불성이 있으며 단지 발견되고 개발되지 않았을 뿐이라고 인정할 수밖에 없다. 하지만 그것은 가능성으로만 존재한다. 그것이 불교의 수행으로 촉발될 때 나한이 되고 보살도 될 수 있다. 만약 완전히 촉발되고 활성화된다면 그게 바로 부처가 된 것이다.[18]

따라서 불성에 대한 정의는 이렇게 고쳐져야 한다. 불성은 부처의 본성이면서 부처가 될 가능성이라고 말이다. 이것은 아직 뿌리로도 싹으로도 꽃으로도 열매로도 실현되지 못한 씨앗처럼 모든 생명체 안에 존재한다. 바로 이래야만 비로소 불교는 의미가 있고 중생을 제도하는 것

---

18 세친世親, 『불성론』 2권을 참고.

도 사기가 아니며 불국정토佛國淨土를 세우는 것 역시 기약이 생긴다.

그래서 대승불교는 "모든 중생은 다 불성이 있다—切衆生, 悉有佛性"고 선언했다.[19]

하지만 동시에 세 가지 질문이 함께 불거졌다. 첫째, 모든 중생이 다 불성이 있다면 악인도 불성이 있단 말인가? 둘째, 모든 중생이 다 불성이 있다면 왜 그들은 아직 부처가 못 된 걸까? 셋째, 부처와 중생의 궁극적인 차이는 무엇인가?

첫 번째 질문의 답은 긍정일 수밖에 없다. 악인도 중생이기 때문이다. 더구나 중생이 다 선인이면 그들을 제도하는 게 무슨 의미가 있겠는가? 악인을 제도하는 것이 진짜 제도이며 소인을 용납하는 것이 진짜 관용이다. 자비를 베풀 때는 대상을 가리지 않고 중생을 제도할 때는 문턱을 만들지 않으며 불성을 인정하면 당연히 선악을 따지지 않는다.

실제로 불교가 관심을 갖는 것은 선악도 아니고 미추도 아니다. 깨닫는 것과 깨닫지 못하는 것이다. '불佛'의 본래 뜻은 깨달음이고 부처는 깨달은 사람이기 때문이다. 반대로 아직 못 깨달았고 깨달으려 하지 않는 사람이 바로 중생이다. 못 깨달았으면 부처도 중생이고 깨달았으면 중생도 부처다. 부처와 중생은 상호 전환될 수 있으며 더욱이 단지 깨달았느냐 깨닫지 못했느냐 하는 한 가지 생각의 차이밖에 없다.[20]

한 가지 생각의 차이밖에 없다면 돈오가 불가능할 까닭이 없다. 실제로 선종의 사조四祖 도신은 찰나의 순간에 깨달음을 얻었다. 당시 그

136

---

19 『대열반경』을 참고.

20 둔황본 『육조단경』 「견진불해탈송見眞佛解脫頌」을 참고.

는 14세였으며 삼조三祖 승찬을 찾아가 불법을 배우고 싶다고 했다. 승찬이 도신에게 물었다.

"너는 무엇을 원해 불법을 배우려 하느냐?"

"해탈을 원합니다."

"누가 너를 묶어두었느냐?"

"저를 묶은 사람은 없습니다."

"묶은 사람이 없는데 무슨 해탈을 한다는 것이냐?"

도신은 크게 깨닫고 승찬의 문하에 들어갔다.[21]

이런 것을 뭐라고 할까?

한 생각을 깨달으면 중생도 부처다.[22]

이렇다면 더 괴롭고 더 어려운들 뭐가 중요하겠는가?

중요하지 않다. 고해가 끝없어도 돌아보면 피안이다.

나쁜 짓을 많이 했어도 괜찮을까?

괜찮다. 칼을 내려놓으면 그 자리에서 바로 부처가 된다.

이래서 선종은 그토록 많은 사람에게 사랑받은 동시에 '정신의 아편'이라는 욕을 들은 것이다. 그렇다. "고해가 끝이 없다"는 논리를 따르면 사회가 불공정해도 원망해서는 안 되고 남이 괴롭혀도 반항해서는 안 된다. 그저 자기가 깨닫지 못한 것만 탓해야 한다. 그러면서 뒤를 돌아보면 그 피안의 세계에서 밝게 빛나는 등불이 눈에 들어올 것이다.

137　　사기꾼, 불법 상인, 탐관오리, 심지어 매국노는 계속 그 모양으로 살

21　『경덕전등록』 3권과 『오등회원』 1권을 참고.

22　『육조단경』 「반야품」을 참고.

아도 된다. 어쨌든 적당한 때 칼을 내려놓기만 하면 극락세계에서 한 자리를 차지할 수 있기 때문이다. 그전에 아무리 사치와 향락에 빠져 살았고 심지어 살인과 방화를 일삼았더라도 말이다. 선종은 그런 자를 위해서도 여지를 남겨주고 영혼의 치유를 준비해둔다.

이런 설교는 확실히 정교한 속임수가 맞는 듯하다.[23]

그러나 이것은 오독이자 오해다. 선종은 현실 문제의 해결에 관해 이야기한 적이 없었다. 그들은 그런 능력이 없었고 그런 바람도 없었다. 그들의 이야기는 전부 종교의 테두리 안에 있었으며 단지 한 가지 기본 원리, 즉 중생과 부처의 차이는 깨달았느냐 못 깨달았느냐에 있고 누구든 부처가 될 수 있다는 것만을 설명했다. 이른바 "돌아보면 피안이다" 운운한 것은 우려를 없애주려고 다소 극단적으로 말한 것일 뿐이었다.

그래서 누가 현실과 맞서고자 한다면 선종은 싹 무시해도 된다.

더구나 깨달음이라는 것은 말처럼 쉬운 것이 아니다. 이것은 공자의 인과 마찬가지로 한편으로 의도하면 얻을 수도 있지만(내가 인을 행하고자 하면 인이 당장 이른다我欲仁, 斯仁至矣) 다른 한편으로는 실현하기 어렵다(성과 인을 내가 어찌 감히 해내겠는가若聖與仁, 則吾豈敢). 이른바 가깝다면 눈앞에 있지만 멀다면 하늘 저편에 있다고 말할 수 있다.[24]

생각해보면 누구나 알 것이다. 정말로 그렇게 간단하다면 주변에 널린 게 부처가 아니겠는가?

---

23 관원란, 『중국통사』 4권을 참고.
24 공자의 이 두 구절은 모두 『논어』 「술이述而」에 나온다.

그렇다면 왜 부처가 되기 힘든 걸까?

집착 때문이다.

집착은 무엇일까? 고지식하고, 시야가 좁고, 융통성이 부족한 것이다. 집착하면 미혹되고 미혹되면 깨닫지 못한다. 이것은 모든 중생의 일반적 폐단으로 일부 선사라고 불리는 이들조차 이를 피하기 어렵다. 일례로 당나라 말의 선사 조인명祖印明이 혜능에게 아래와 같이 시비를 건 적이 있었다.

육조(혜능)는 옛날에 장부가 아니었으니
남에게 벽에 게송을 쓰게 하고 자기는 어리석었네
분명히 게송에서는 한 사물도 없다 해놓고
다른 사람의 바리때를 받았네
六祖當年不丈夫
請人書壁自糊涂
明明有偈言無物
却受他家一鉢盂

그 뜻은 명확했다. "귀하는 세상 만물이 다 공허하다는 것을 이미 알았는데도 왜 신수가 받아야 할 바리때를 빼앗은 거요?"라고 물은 것이었다.

이에 답하기는 쉬웠다. "귀하는 그렇게 깨달음이 투철한데 왜 쓸데없는 참견을 하는 거요?"라는 반문 한마디면 족하다. 의발이 물론 공허하긴 해도 시비의 대상이 아닌 적이 없었다. 하물며 색상色相이 색상임을 알면 색상은 색상이 아니고, 공허가 공허임을 알면 공허는 더는 공허하지 않다. 이렇다면 의발을 받는 것과 받지 않는 것이 무슨 차이가 있단 말인가?

그러나 우리는 조인명의 이해력이 모자랐다고 말할 수 있을 뿐, 그가 혜능을 비판한 것에 대해 뭐라고 할 수는 없다. 그는 욕을 해도 됐을 뿐만 아니라 마땅히 욕을 해야만 했다.

선종의 특색은 교의에 얽매이지 않고 과감히 "부처라도 욕하는呵佛罵祖" 것이었기 때문이다.

부정의 부정

단하천연丹霞天然은 승려의 목 위에 걸터앉았다.

이런 못된 짓을 벌인 이 사람은 혜능 문하의 4세世 제자였다. 당시에는 법명 앞에 산 이름, 지역 이름, 절 이름을 붙이는 게 유행이어서 단하천연이라고 불렸다. 즉, 단하는 산 이름이고 천연이 법명이었다. 사실 그는 본래 유가였는데 도읍으로 과거 시험을 보러 가는 중에 불법을 익히는 선승을 만나 완전히 인생이 바뀌었다.

선승이 천연에게 물었다.

"시주는 어디에 가시오?"

"과거 시험을 보러 갑니다."

"관리가 되는 게 살아 있는 보살이 되는 것에 비할 수 있겠습니까?"

이 한마디에 정신이 번쩍 든 천연은 즉시 강서江西로 길을 돌려 혜능 문하의 3세 제자 마조도일馬祖道一을 찾아갔다. 그런데 도일은 그를 바로 석두희천石頭希遷에게 보냈다. 천연이 스승을 보고도 말은 안 하고 손으로 이마를 받치고만 있었기 때문이다. 그러니까 머리를 깎게 해달라는 뜻이었다. 도일은 의도가 불순하다고 생각해 그 뜨거운 감자를 밖으로 내친 것이었다.

형산衡山에 도착한 천연은 또 똑같은 시늉을 했지만 희천은 넘어가지 않고 그를 주방에 집어넣었다. 그러던 어느 날, 희천이 제자들을 시켜 불전 앞 잡초를 제거하게 했는데 천연이 머리를 감고 그 앞에 무릎을 꿇었다. 그는 어쩔 수 없이 그자 머리의 '잡초'를 제거해줘야만 했다. 그런데 머리를 다 깎고서 천연은 귀를 막고 고개를 숙인 채 줄행랑을 쳤으며 다시 도일에게 달려갔다.

이번에 그는 곧장 승방僧房으로 들어가 거기에서 좌선을 하던 승려의 목에 올라탔다.

도일이 할 수 없이 바로 다가와 그에게 "아자천연我子天然"이라고 말했다. 대략 "몰랐는데 네가 천진하고 귀엽구나"라는 뜻이었다.

그런데 천연이 몸을 돌려 무릎을 꿇으며 말했다.

"'천연'이라는 법명을 주셔서 감사합니다."

희천과 도일은 당시 가장 존경받는 선사였다. 희천이 머리를 깎아 중이 되게 해주고 도일이 법명을 하사해준 덕에 천연은 즉시 세상에 이름이 알려졌다. 그러나 이 사람은 여전히 눈에 보이는 게 없었다. 어느 해 낙양의 혜림사慧林寺에서는 나무 불상을 태워 몸을 덥히기까지 했다.

이에 주지가 따져 묻자 그는 재를 뒤적이며 사리를 찾으려 한다고 했다.

"나무 불상에 사리가 있을 턱이 있나?"

주지의 말에 천연은 답했다.

"사리가 없다고요? 그러면 두 좌 더 태웁시다."[25]

아, 석가모니를 이렇게 대해도 괜찮은 걸까?

당연히 괜찮았다. 선종 5대 종파 중 하나인 임제종臨濟宗의 창시자 임제의현臨濟義玄은 "부처를 만나면 부처를 죽이고, 조사를 만나면 조사를 죽이고, 나한을 만나면 나한을 죽여라逢佛殺佛, 逢祖殺祖, 逢羅漢殺羅漢"라고 주장했고, 혜능의 6세 제자 덕산선감德山宣鑑은 "여기에는 조사도 없고 부처도 없으니 달마는 털북숭이 오랑캐이고 석가모니는 밑씻개이며 문수文殊와 보현普賢은 변소나 치울 자들이다"라고 공언했다. 석가모니와 보살부터 선종의 조사들에 이르기까지 하나도 빠짐없이 욕을 한 것이다.[26]

덕산선감의 또 다른 거사는 경서를 태운 것이었다. 그는 본래 경서를 깊이 연구하고 선종을 싫어하는 사람이었다.

"우리 출가인은 온갖 고생을 감수하며 늙어 죽을 때까지 경전을 파고들어도 깨달음을 얻기 힘든데, 영남의 그 야만인(혜능)은 '곧장 사람의 마음을 가리켜 본성을 보고 부처가 된다直指人心, 見性成佛'고 운운했으니 하늘 아래 그런 이치가 어디 있는가?"

이렇게 말하고서 그는 경서를 한 지게 지고 선사와 논쟁을 하러 길

143

---

25 단하천연의 사적은 『오등회원』 5권을 참고.
26 임제의현의 말은 『임제록臨濟錄』을, 덕산선감의 말은 『오등회원』 7권을 참고.

을 나섰다. 선종의 본거지에 쳐들어가 박살을 낼 심산이었다.

그때 선감이 만나려던 사람은 바로 용담숭신龍潭崇信이었다.

그런데 도중에 그는 어떤 일로 엄청난 충격을 받았다.

당시 그는 떡을 구워 파는 노파에게서 점심을 사려고 했다.

노파가 그에게 물었다.

"법사가 지고 있는 게 무슨 책이요?"

"『금강경』입니다."

"잘됐네요! 하나만 물읍시다. 잘 대답해주면 공짜로 '점심點心'을 드리고 대답을 못하면 딴 데 가서 사 드시오.『금강경』에서 '과거의 마음도 얻을 수 없고 현재의 마음도 얻을 수 없으며 미래의 마음도 얻을 수 없다過去心不可得, 現在心不可得, 未來心不可得'고 하는데, 법사는 어느 '마음心'을 '찍으려點'(노파는 일부러 요깃거리를 뜻하는 '점심'과 똑같은 한자로 '마음을 찍는다'는 표현을 구사하고 있다) 하시오?"

선감은 눈만 크게 뜬 채 아무 말도 못했다.

그렇다. 떡 파는 노파의 질문에도 대답을 못하는데 그 많은 경서를 읽은 게 무슨 소용이란 말인가? 그래서 용담사龍潭寺에 도착해 숭신의 가르침을 받은 뒤 선감은 돌연 깨달음을 얻어 자신의 경서를 모두 불태웠다.[27]

의현도 과감했다. 그가 달마탑에 갔을 때 주지가 조사(달마)에게 먼저 절을 할 것인지, 부처(석가모니)에게 먼저 절을 할 것인지 물었지만 그

27 『오등회원』 7권을 참고.

는 아무에게도 절하지 않겠다고 답했다. 이에 화가 난 주지는 "조사와 부처한테 무슨 원한이라도 있소?"라고 따졌다.

그리고 누가 또 그에게 물었다.

"당신을 비롯한 이곳의 승려들은 불경을 봅니까?"

"안 봅니다."

"그러면 선을 익힙니까?"

"안 익힙니다."

"불경도 안 보고 선도 안 익히면 다들 뭘 합니까?"

"부처가 됩니다!"**28**

이해가 가지 않는다. 부처가 되려면 불상과 경서를 태워야 하는 걸까?

그렇다. 집착을 깨뜨리는 게 지극히 어렵기 때문이다.

집착을 깨뜨리는 데에는 세 가지 난관이 있다. 바로 아집我執, 법집法執, 공집空執이다. 아집은 나에 대한 집착으로 내가 자연법칙의 산물임을 모르는 것이고 법집은 객관 세계에 대한 집착으로 만물이 공허함을 모르는 것이며 공집은 공허에 대한 집착으로 공허도 공허함을 모르는 것이다. 아집을 깨뜨릴 수 있으면 나한이고 법집을 깨뜨릴 수 있으면 보살이며 공집을 깨뜨릴 수 있으면 부처다.

하지만 이것은 매우 어렵다. "공허도 공허하다"는 것은 무엇을 뜻하는가? 대승불교 중관파中觀派에서는 "있는 것도 아니고, 없는 것도 아니

---

28 『오등회원』 11권을 참고.

고, 있으면서도 없는 것도 아니고, 있지도 없지도 않은 것도 아니다非有, 非無, 非亦有亦無, 非非有非無라고 말한다. 그래서 공허는 공허하기도 하고 공허하지 않기도 하다.[29]

과연 이것을 몇 사람이나 알아들을 수 있을까?

부득이 '방할棒喝'을 동원해야 했다.

'방'은 때리는 것이고 '할'은 소리치는 것이다. 의현과 선감이 대표적인 인물이었고 함께 "임제할, 덕산방"이라 불렸다. 후자는 심지어 제자가 질문에 답해도 30대, 대답을 못해도 30대라고 떠들어댔다. 누가 그에게 도를 물어도 역시 30대였다.[30]

결국 그들에게 불법을 배우는 것은 맞거나 욕을 먹는 것이었다.

그밖에 또 허튼소리나 동문서답으로 유명했던 선사로 혜능의 5세 제자 조주종심趙州從諗(778~897)이 있다. 누가 무엇이 고승의 마음이냐고 묻자, 그는 "진주鎭州의 세 근짜리 큰 무다"라고 답했다. 또 누가 무엇이 영원한 진리냐고 묻자, "참새 한 마리가 동쪽에서 서쪽으로 날아간다"고 답했다. 서쪽에서 달마 조사가 온 뜻은 무엇이냐는 질문이 들어왔을 때는 "뜰 앞의 잣나무다庭前柏樹子"라고 답했다.

이에 누가 그에게 물었다.

"잣나무에도 불성이 있습니까?"

"있지."

"언제 부처가 됩니까?"

29 『중론中論』「관열반품觀涅槃品」 25권의 내용을 황신촨黃心川, 『인도불교철학』에서 재인용.
30 『오등회원』 7권을 참고.

"허공이 땅에 떨어질 때지."

"허공이 언제 땅에 떨어집니까?"

"잣나무가 부처가 될 때지."[31]

이것은 답을 한 걸까, 안 한 걸까?

당연히 답을 한 것이다.

사실 때리고, 소리치고, 허튼소리를 하고, 부처와 조사를 욕한 것은 직접적으로 집착을 깨뜨리기 위해서였다. 중생이 잘못된 집착에서 못 벗어나는 것은 죽어도 인정하지 않을 수 없는 어떤 것이 있다고 항상 생각하기 때문이다. 그것이 집착을 낳고 깨달음을 막는다. 그래서 집착을 깨뜨리기 위해 부득이 충격과 희생을 무릅쓰고 부처와 조사와 경

정전백수자
조주종심은 여러 의미심장한 공안公案(화두)을 남겼는데, 치바이스齊白石의 이 그림으로 표현된 '정전백수자庭前柏樹子'가 가장 대표적이다.

147

전에 도전한 것이다. 도적 떼를 잡으려면 우두머리부터 잡아야 하고 나무가 넘어지면 원숭이 떼가 뿔뿔이 흩어지게 마련이다. 가장 신성한 것도 별 게 아닐 수 있는데 더 무엇에 집착하겠는가? 도일의 제자, 흥선 유관興善惟寬 같은 경우는 '나'조차도 부정했다.

누가 유관에게 물었다.

"개에게도 불성이 있습니까?"

"있다."

"당신에게도 있습니까?"

"난 없다."

"모든 중생에게 다 불성이 있는데 왜 당신에게는 없습니까?"

"나는 중생이 아니니까."

"중생이 아니면 설마 부처입니까?"

"나는 부처가 아니다."

"부처도 아니고 중생도 아니면 무슨 물건입니까?"

"나는 물건도 아니다."[32]

대화가 여기에 이르면 더 할 수 있는 말이 없다. 이미 모든 것을 부정하고 나면 무엇이든 부정할 필요도 없다. 밥을 먹고 잠을 자도 되고, 결혼하고 애를 낳아도 되고, 공을 세우고 업적을 쌓아도 되고, 승진하고 돈을 벌어도 되고, 삼강오륜과 수신제가, 치국평천하도 물론 해도 된다. 세속의 삶과도, 황권 정치와도, 유가 윤리와도 모순되지 않는다. 이로써 **148**

---

32 『오등회원』 3권을 참고.

모든 문제가 다 해결된다.

이것은 '부정의 부정'이다.

자기 부정 이후로 불교는 입지를 굳혔다. 그와 동시에 중국화도 완성함으로써 외래의 이데올로기와 사상이 아니라 중국 문명의 일부로 인정받게 되었다. 심지어 이 과정이 없었다면 세계에 영향을 준 당나라 문명도, 중국인의 습관적 사유 방식도 성립하지 못했을 것이다. 그 안에 숨겨진 갖가지 원인과 비밀을 계속 탐구해보기로 하자.

제4장

불교의 중국화

법난과 개혁

세상 속의 불법

시대정신

자유로 통하는 길

중국을 바꾸다

백장회해가 선승의 생산 활동을 주창한 것은
유가에서 농사와 면학의 병행을 권한 것과 흡사했다.
그러나 선종이 과거제 및 다도와 나란히 발전한 것은
모두가 예상할 수 있었던 일은 아니었다.

법난과 개혁

당나라 당국은 본래 불교를 좋아하지 않았다.

　그것은 이해할 만한 일이었다. 그들이 대체한 수나라가 부처를 숭상했기 때문이다. 경계를 확실히 짓기 위해서라도 당나라는 방침을 바꿔야 했다. 더욱이 도교에서 교주로 숭상하는 노자가 그들의 황제처럼 성이 이씨라는 설이 있기도 했다. 그래서 역사적으로 대체 누구였는지 정론이 없는데도 노자는 '도덕천존道德天尊'으로 신격화되었으며 당태종은 또 정관 11년(637)에 도교를 숭상하고 불교를 억제하라는 명령을 반포해 도교의 지위가 불교 위에 있음을 확인했다.

　그해, 무측천이 황궁에 들어가 당태종의 여인이 되었다.

　겨우 14세였던 무측천은 당연히 그 일에 관여할 수 없었다. 나서서 논쟁을 벌인 이는 고승 법림法琳이었다. 그는 심지어 당태종에게 "폐하의 이씨 성은 선비鮮卑에서 비롯된 것이지 농서隴西 이씨와는 아무 관계

153

도 없습니다"라고 말했다. 이 말의 뜻은 분명했다. 당나라는 이민족의 왕조이므로 마땅히 이민족의 종교를 숭상해야 할뿐더러 선비족 척발씨拓拔氏의 혈통이 노자보다 훨씬 고귀하다는 것이었다.

법림은 자신의 꾀가 먹혀들었다고 여겼지만 뜻밖에도 금기를 범하고 말았다. 당 고조와 태종 부자는 자신들을 이민족으로 보는 것을 가장 싫어했다. 과거를 돌이켜보면, 순수 선비족 혈통이었던 북주 무제 우문옹宇文邕도 불교를 탄압하면서 자신이 이민족이 아니라고 명확히 선언했고 또 아비지옥에 떨어지는 것을 두려워하지 않았다. 따라서 지금 법림은 당태종이 가장 드러내기 싫어하는 약점을 건드린 것이나 다름없었다.

대로한 당태종은 법림을 감옥에 처넣으며 명했다.

"법림은 책에서 관음보살의 이름을 읊는 사람은 창칼로도 해치지 못한다고 주장하지 않았느냐? 그러니 감옥에서 실컷 읊게 하고 7일 뒤에 칼로 베어봐라."

날짜가 돼서 집법관이 법림에게 물었다.

"관음보살을 읊은 게 효과가 있겠느냐?"

"빈승은 관음보살을 읊지 않고 폐하를 읊었습니다."

"어째서 폐하를 읊었느냐?"

"폐하가 바로 관음보살이시기 때문입니다."

태종은 경멸하듯 입을 삐죽이고서 법림을 익주益州로 유배 보냈다.[1]   **154**

---

1 법림은 결국 유배 가는 도중에 죽었다. 그의 사적은 신, 구 『당서』와 『자치통감』에는 기록이 남아 있지 않고 『속고승전續高僧傳』 24권, 『개원석교록開元釋敎錄』 8권, 『당호법사문법림별전唐護法沙門法琳別傳』 등에만 보인다. 런지위 주편, 『종교사전』의 해당 항목을 참고.

법림은 화를 피했지만 문제는 근본적으로 해결되지 못했다. 사실 우리가 이 시리즈 12권 『남조와 북조』에서 읽은 것처럼 이민족 승려 불도징佛圖澄이 후조의 황제, 갈인羯人 석륵石勒에 의해 '대화상大和尙'으로 존경받은 이후로 중국에서 불교는 정치와 떼려야 뗄 수 없는 인연을 맺었다. 그들은 황권에 의지해 도교와 세력 다툼을 벌였고 국가는 종교의 힘을 빌려 통치를 유지했다. 다만 그 주도권은 후자의 손에 있었다. 황제는 불교를 택할 수도, 도교를 택할 수도 있었고 양자 사이에서 균형을 유지할 수도 있었다.

그 원인은 다양했다.

수문제는 공과 사를 두루 살폈다. 이 무천진武川鎭의 군벌은 불교 사원에서 태어나 한 비구니의 손에서 자라서 불교에 대한 감정이 남달랐다. 더욱이 그에게 불교의 진흥은 양육의 은혜에 보답하고 자신이 하늘의 선택을 받았음을 증명하는 의미가 있었을 뿐만 아니라, 불교를 탄압했던 전 왕조와 분명히 선을 긋고 불교 신도들의 마음을 쟁취하는 효과도 있었다.[2]

나중에 무측천이 불교를 숭상한 이유도 여기에 있다.

앞의 황제가 불교를 탄압하고 뒤의 찬탈자는 불교를 진흥시킨 예는 양楊씨의 수나라였고, 앞의 왕조는 불교를 숭상했는데 뒤의 대체자는 불교를 억누른 예는 이씨의 당나라였다. 그들이 그런 선택을 해야 했던 이유는, 그렇게 안 하면 자신들이 옳다는 것을 드러낼 수 없기 때문이

155

---

2 『수서』「고조기」와 도선道宣의 『집고금불도논형集古今佛道論衡』을 참고.

었다. 불교와 도교, 이 두 종교가 번갈아가며 쇠퇴와 번성을 반복한 것은 무슨 운명의 순환 때문이 아니라 권력의 조종 때문이었다.

이것은 사실 신앙과는 무관하다.

정말로 중국의 황제 중에서 신앙을 가진 사람은 거의 없었다. 그들이 우선적으로 중시한 것은 안정된 정권과 장기적인 통치였다. 그런데 불교는 항상 그들을 불안하게 했다. 오호십육국 시대 이후, 불교의 번창으로 승려들은 호구에서 제외되어 각종 세금을 면제받았고 군주를 존중하지 않았다. 수많은 사원은 심지어 자체적인 법률, 법규(승률僧律)와 무장 세력(승병僧兵)을 갖고 나라 안의 나라로 행세했다. 그나마 그들의 규모가 작고 아직 연합체를 꾸리지 않았으니 망정이지, 안 그랬으면 사원의 주지들이 할거하며 제후 노릇을 했을 것이다.[3]

문제는 그들이 또 '석가모니의 자손'이라 자칭한 것이 스스로 중국인임을 인정하지 않는 것과 마찬가지였다는 사실이다. 머리를 안 깎은 신도들이 속세에서 수행하며 결혼을 하고 자식을 낳아 살더라도 그 자식들이 "중국인의 얼굴에 인도인의 마음"으로 키워지지 않는다고 누가 보장할 수 있겠는가?

더 심각한 것은 불교에 의지해 외래문화와 이단 사상이 일종의 '조계租界'를 확보하는 것이었다. 외국을 숭상하는 비상식적이고 이질적인 자들이 그 '정치적 피난처'에 몸을 숨긴 채 석가모니의 이름으로 민심을 현혹하고 유가 윤리의 한계선에 계속 도전할 수도 있었다.

156

3 판원란, 『중국통사』 4권을 참고.

그것은 매우 위험했다. 사원의 규모가 커지면 나라가 망할 수 있었고 신도의 숫자가 많아지면 민족의 혈통이 끊길 수 있었으며 문명의 기틀이 흔들리면 천하가 망할 수도 있었다. 그래서 통치계급과 정통 유가의 눈에 비친 불교는 정신의 아편일 뿐만 아니라 그야말로 시한폭탄이나 다름없었다. 당태종이 불교를 얕잡아 보고 계속 도교와 병존하게 한 것은 사실 너그러운 조치였다.

상대적으로 도교는 훨씬 덜 불안했다.

도교가 성립할 수 있었던 것은 당연히 그 나름의 이치와 장점이 있었기 때문이다. 가장 두드러진 장점은 중국적 특색을 갖춘 것이었다. 예를 들면 일반인의 음식을 먹고, 현세의 공덕을 쌓고, 수신과 양생養生을 중시하고, 불로장생을 추구했다. 이것들은 중국 문명의 현실적인 정신과 잘 들어맞았으며 나아가 도교의 양생(섭생)은 기술적인 성격이 적지 않았다.

더욱이 도교는 어쨌든 중국인이 '자체 개발'한 것이었다.

애석하게도 도교는 무기력해서 늘 불교에 열세였다. 하지만 이에 대해 그들을 탓할 수는 없었다. 중국은 본래 종교적 토양이 없어서 스스로 종교를 낳는 게 불가능했다. 그저 흉내를 낼 수 있을 뿐이었다. 그렇게 억지로 만들어낸 것은, 절반은 불교의 짝퉁이고 절반은 샤머니즘의 업그레이드 버전에 불과했다. 사유가 치밀하고 내용도 풍부한 불교를 절대로 못 따라갔다. 그래서 민심이 불교 쪽에 쏠리는 것이었으므로 황권도 어찌할 도리가 없었다.

경쟁에서 못 이기니 부득이 거친 방법을 택해야 했다.

그래서 북위 태무제와 북주 무제 이후로 또 당무종의 '회창훼불會昌毁佛'과 후주 세종의 불문 정비가 벌어졌다. 이를 역사에서는 '삼무일종三武一宗'의 네 차례 법난法難이라고 부른다. 그전까지 무측천과 다른 황제들의 장려 덕분에 불교는 당나라에서 극성기를 이뤘지만 무종의 탄압으로 그만 기운을 크게 잃고 말았다.

그것은 이치상 용서할 수 없는 일이었지만 한편으로 이해할 만한 점도 없지는 않았다.

회창훼불은 무종이 도교를 숭상했기 때문만이 아니라, 불교의 지나친 발전이 정권의 안정과 국가 경제에 심각한 영향을 끼쳤기 때문에 일어났다. 당시 생활 수준에 따르면 열 가구가 한 명의 승려를 먹여 살릴 수 있었는데 회창 5년(845)에 환속한 승려가 무려 26만 명에 달했으니 당나라 백성의 부담이 얼마나 무거웠는지 가늠할 수 있다. 이때는 설령 황제가 무측천이었어도 정책을 조정해야 했을 것이다.[4]

그러나 삼무일종 이후에는 더 이상 불교를 탄압하는 일이 생기지 않았다. 불교는 조정뿐만 아니라 도교, 유가와도 별 탈 없이 지냈다.『홍루몽紅樓夢』같은 문학작품을 봐도 승려와 도사가 흔히 손을 잡곤 한다. 명나라 가정嘉靖 황제는 도교를 숭상했고 청나라 옹정雍正 황제는 불교를 믿었지만 둘 다 정국의 혼란은 일으키지 않았다. 스스로 파진破

---

4   회창 5년의 전국 인구 통계는 약 495만 가구였다. 열 가구가 한 명의 승려를 먹여 살린다고 계산할 때, 26만 명의 승려를 먹여 살리려면 260만 가구가 필요하므로 이미 전국 인구의 절반을 넘어선다. 신체辛替가 당중종에게 상소를 올려 권고한 내용을 보면 심지어 천하의 재산 중 8~9할이 불가의 것이라고 했다. 판원란,『중국통사』4권을 참고.

塵거사 또는 원명圓明거사라 칭했으며 궁중에서 법회를 열어 설법을 하고 제자를 받았던 옹정제는 심지어 지극히 청렴한 정치의 기풍을 떨쳐 제국의 재정을 적자에서 흑자로 돌려놓았다.[5]

이것은 황권 정치가 신권 정치로 변한 것일 리는 없었다. 단지 불교가 변화하여 당권자와 유가와 도교도 상응하는 조정을 한 것일 따름이었다. 그들은 평화로운 공존과 중용의 도를 배우고 "싸우면 양쪽 다 패하고 화합하면 함께 산다"는 이치를 터득해 결국 손을 잡고 중국 문명의 건설에 함께 힘을 기울이게 되었다.

우선 불교가 제국의 구조 안에서 위치를 바로잡았다. 그들은 사원의 규모와 승려의 숫자에 대한 자발적 통제를 포함하는 여러 방식과 경로를 통해 자신들은 영원히 정치적 지위를 노리지 않을 것이며 중화 제국을 중화 불국佛國으로 바꿀 계획도 없다고 거듭 통치자에게 의사표시를 했다. 하지만 이것은 단지 그들이 다시 박해와 법난을 당하지 않으리라는 것을 보장받을 수 있을 뿐이었다. 그들이 장기적으로 생존하려면 반드시 스스로를 개혁하고 구원해야만 했다.

다시 말해 철저한 중국화를 완수해야만 했다.

중국화는 진작에 시작되었다. 첫 번째 단계는 무속화된 부도도浮屠道였고 시점은 동한부터 오호십육국까지였다. 두 번째 단계는 현학화玄學化된 반야학般若學으로 시점은 서진부터 동진까지였다. 이 두 단계를 발판 삼아 불교는 사람들에게 낯설었던 외래문화에서 천하를 풍미한 시

159

대적 유행으로 변모했다. 이를 통해 그들은 중국 전통과의 결합만이 스스로 자리를 잡고 강해질 수 있는 최상의 방법이며 그 전통을 대표하는 것이 유가임을 깨달았다. 그래서 다시 세 번째 단계, 즉 불교의 유학화에 착수했다.

유학화된 불교가 바로 선종이다.[6]

선종은 당나라 때 창시되었지만 널리 성행한 것은 송나라 때였다. 불교가 더는 생존을 염려하지 않게 된 것도 송나라 때였다. 이는 어떤 일이든 과정이 있음을 설명해주며 그렇기에 불교의 중국화도 단번에 실현된 것이 아니었다. 하지만 누가 뭐라고 해도 그 모든 것은 혜능에게서 시작되었다. 그가 제시한 "은혜로워 부모를 부양하고, 의로워서 상하가 서로 아끼고, 양보하여 높고 낮은 이들이 서로 화목하고, 인내하여 모든 나쁜 일이 시끄러워지지 않는다恩則孝養父母, 義則上下相憐, 讓則尊卑和睦, 忍則衆惡無喧"가 바로 불교 유학화의 강령이었다.[7]

이것은 동시에 우리에게 네 가지 문제를 제기한다. 선종은 어떻게 불교의 유학화를 실현했을까? 이 개혁의 목표를 실현한 것은 왜 다른 종파가 아니라 선종이었을까? 개혁은 왜 더 앞도 아니고 더 뒤도 아니고 하필 그 시대에 일어났을까? 선종은 불교를 바꾼 동시에 다른 무엇을 또 바꿨을까?

그러면 끝까지 계속 탐구해보기로 하자.

---

6 이 부분을 포함해 이어지는 글에서 선종이라 칭한 것은 모두 혜능이 설립한 남종을 가리킨다.
7 『육조단경』「결의품」을 참고.

세상 속의 불법

종심 선사가 조주의 관음원觀音院에 머물게 된 후로 불법을 배우는 사람이 나날이 늘었고 한번은 여러 승려가 한꺼번에 그곳을 찾았다. 이에 원주院主는 훗날 조주종심 또는 조주 화상이라 불린 그 고승을 청해, 그의 명성을 흠모해 찾아온 그 승려들을 만나 강좌를 열어달라고 부탁했다.

　팔십 고령의 종심은 인상이 자애로웠다. 그는 새로 온 승려들 앞에 나타나 차례대로 자상하게 묻기 시작했다.

　"그대는 전에 우리 사원에 온 적이 있나?"

　첫 번째 승려가 합장을 하며 답했다.

　"온 적이 있습니다."

　"좋군, 좋아. 차나 한잔하게."

161　　그다음 승려에게도 똑같은 질문을 했다.

"저는 온 적이 없습니다."

"좋군, 좋아. 차나 한잔하게."

이렇게 한 명씩 다 돌아가며 묻고서 종심은 강좌를 마쳤다.

원주는 알쏭달쏭해서 그에게 물었다.

"대화상, 앞의 사람이 와봤다고 하여 차를 마시라고 하셨는데 뒤의 사람은 안 와봤다고 하는데 왜 차를 마시라고 하셨습니까?"

그는 큰소리로 말했다.

"원주!"

"예!"

"차나 마시게!"**8**

아, 설마 불법을 배우고 참선을 하는 게 차 마시는 것과 같단 말인가?

바로 그렇다. 이에 대해 육조 혜능은 "불법은 세상 속에 있고 세상과 떨어진 깨달음은 없다佛法在世間, 不離世間覺"고 명확히 말한 바 있다. 세상과 떨어져 깨달음을 찾는 것은 마치 토끼의 뿔을 구하는 것과 같다. 그러니 당연히 차 마시는 것이나 밥 먹는 것, 설거지, 청소, 나무하고 물 긷는 것이나 마찬가지다.**9**

정확히 말하면 곧 생활이다.

이것은 일종의 세상 속 불법이다.

세상 속 불법은 중국의 전통에 부합되었다. 선진 시대 제자백가의   162

---

8 『오등회원』 4권을 참고.

9 『육조단경』 「반야품」을 참고.

사상이 바로 세상 속 철학이었기 때문이다. 가장 추상적인 주역 철학과 노자 철학조차 아리스토텔레스의 '자연학 뒤에 오는 것'(형이상학)이 아니라 중국식의 '윤리학 뒤에 오는 것'으로서 행동을 호소하는 실천 이성과 실용 철학이었다.[10]

공맹孔孟의 도와 유가 윤리는 한층 더 그러했다.

다른 점이 있다면 유가는 수신修身을 중시하고 선종은 수행을 중시한다는 것이었다. 하지만 수신과 수행은 모두 생활 속에서 이뤄진다. 사람은 어떻게 해야 효자가 될 수 있는가? 저녁에 요와 이불을 깔아 부모님이 주무실 수 있게 모시고 아침에도 잘 살펴 문안 인사를 드린다. 이것을 '혼정신성昏定晨省'이라고 한다. 마찬가지로 사람은 어떻게 해야 부처가 될 수 있는가? 역시 간단하다. 착실히 자기 일을 잘하면 된다. 심지어 스스로 자신을 잘 부양하는 것도 포함된다.

이런 수행 방식을 제창하고 상응하는 계율을 수립한 사람은 혜능의 4세 제자 마조도일의 법사였던 백장회해百丈懷海였다. 회해가 선종의 발전사에서 차지하는 위치는 하택신회荷澤神會에 버금간다고 간주된다. 신회의 중대한 공헌과 역사적 업적은 남종의 정통성을 확립한 것이었다. 남돈북점南頓北漸, 즉 북방의 신수 계열은 점오를, 남방의 혜능 계열은 돈오를 중시한다는 관점은 그로부터 시작되었다. 선종의 정통이 남종이 된 것 역시 그로부터 시작되었다. 이를 위해 신회는 홀로 신수 일파와 공개 논쟁을 벌였으며 하마터면 목숨을 잃을 뻔하기도 했다.

163

---

10 여기에서 말하는 주역 철학은 정확히 말하면 『역전易傳』의 철학 사상이다. 『역경易經』과는 무관하다.

이런 점은 기독교의 성 바울과 비슷하다. 사실 성 바울이 원죄와 구속, 이 양대 교리를 제시하지 않았다면 기독교는 성공하기 힘들었을 것이다. 마찬가지로 신회가 위험을 무릅쓰고 주장을 관철하지 않았다면 혜능의 학설도 연기처럼 흐지부지 사라져버렸을 것이다. 우리는 당시 북종의 뒷배경이 황족이었던 것을 잊지 말아야 한다.[11]

신회는 선종의 성 바울이었다.

그런데 신회가 성공을 거둔 것은 안사의 난 이후였다. 당시 낙양과 장안이 함락되고 나라 전체가 위태로운 상황에서 그는 구십 고령의 몸으로 떨쳐 일어나 제단을 세우고 사람들을 출가시키면서 향수전香水錢을 거둬, 그것을 군비에 보탰다. 전쟁이 끝난 뒤, 당숙종은 이에 대한 보답으로 하택사[12]를 세워 그를 머물게 해주었다.

이렇게 기사회생한 까닭에 선종은 뒤이어 발전하는 과정에서 당연히 고결하게 세상과 거리를 두지는 못했다. 하지만 조정과 함께 국난을 극복하는 것은 어쨌든 드문 일이었고 돈을 마련해 충성을 다하는 일도 거듭되기 어려웠다. 더 중요한 것은, 불교가 통치자의 우려를 완전히 불식시키려면 사원의 승려들이 반란을 일으킬 리 없고 또 국가에 재정적 부담을 끼칠 리도 없다는 것을 믿게 해야만 했다.

회해의 '백장청규百丈淸規'는 이런 이유로 생겨났다.

백장청규의 정식 명칭은 '선문규식禪門規式'이었다. 분명하고 상세하게 선종 승려들의 조직 체제와 종교 의식과 생활 방식을 규정했다. 이 규

11 구준顧準의 『그리스 사상과 기독교와 중국의 사관 문화希臘思想, 基督敎 和中國的史官文化』와 『이중톈 중국사 9: 두 한나라와 두 로마』를 참고.
12 신회의 사적은 『송고승전宋高僧傳』 8권과 『경덕전등록』 4권에 나오며 『중국대백과전서·종교 권』(제1판)과 런지위 주편, 『종교사전』도 참고.

정은 보완을 거쳤고 특히 원세조 때 황제의 명을 받들어 수정한 뒤로 승려들이 반드시 준수해야 하는 '총림叢林'의 계율이 되었다. 총림은 산스크리트어 '아란야카Aranyaka'의 번역어로 승려의 수행처를 뜻하며 당연히 선원禪院, 즉 선종의 사원도 포함된다.

이것은 불교 유학화의 중요한 한 걸음이었다.

실제로 회해가 수립한 선원의 제도와 계율에는 조직과 사상 면에서 모두 중국적인 정신과 주장이 스며들었다. 선원에서 별일 없음을 번창한 것으로 여기고, 위아래 사이에 자상함을 덕으로 여기고, 손님에게는 정성으로 공양하고, 대중 사이에서는 공손과 겸손을 예의로 여긴다는 것이 그 예다. 이것은 유교의 오덕五德, 즉 온화, 선량, 공경, 검소, 겸양이나 도가의 청정무위清靜無爲와 큰 차이가 없다.

회해는 또 선원의 승려들이 수도하고 불법을 배우는 동시에 생산 활동에도 참여하여 스스로 생계 문제를 해결해야 한다고 규정했다. 그 자신도 몸소 땅을 개간하고 농사를 지으면서 하루 일을 안 하면 하루 밥을 굶었다. 이런 생활 방식은 역시 유가에서 권장한 농사와 면학을 병행하는 삶과 대단히 흡사하다![13]

그런데 이것은 불교의 입장에서는 혁명이나 다름없었다.

불교의 탄생지 인도는 카스트 제도가 공고한 곳이었으며 브라만 계급에 속한 승려들은 고결함과 우월감으로 가득해 스스로 힘쓰는 것을 하찮게 여겼다. 심지어 땅을 파고, 풀을 뽑고, 나무를 심는 것을 불결

---

13 백장회해의 사적은 『송고승전』 10권과 『경덕전등록』 6권에 나오며 백장정규의 수정 후 정식 명칭은 『칙수백장청규勅修百丈清規』다. 『중국대백과전서·종교권』(제1판)과 런지위 주편, 『종교사전』을 참고.

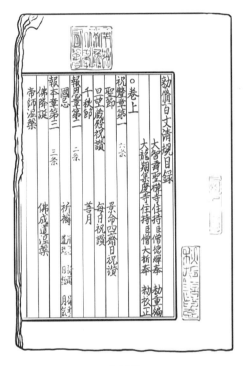

백장청규

백장회해가 제정한 '선문규식'으로 '고청규古清規'라고도 불리며 본래의 면모는 이미 확인할 길이 없다. 현재 전해지는 『칙수勅修백장청규』는 회해 선사 입적 후 500년 뒤의 것으로 원순제의 칙명으로 다시 편찬된 것이다.

한 일로 간주했다. 그래서 그들은 보시와 공양에 의지해야만 했다. 또 그래서 그들은 채식만 하지는 않았다. 채식은 양무제가 제창한 것으로 지출을 줄이는 것이 목적이었다. 비록 그의 채식은 결코 저렴하지 않았지만 말이다.

그러나 회해는 불교가 사람들에게 미움을 받는 것이 고기를 먹고 안 먹는 것과는 무관하다는 것을 똑똑히 알고 있었다. 문제는 승려들의 구걸하는 식의 생활 방식이었다. 그것은 설령 그들이 죽과 짠지만 먹더라도 마찬가지였다. 농업 민족으로서 중국인은 불로소득으로 사는 이를 마음속으로 배척했다. 따라서 선종의 승려들이 자기 힘으로 새로운 삶을 산다면 다시 사람들에게 존중을 받을 수 있을뿐더러 선승禪僧을 다른 승려들과 차별화할 수 있고 또 선원을 일반 사원들에서 분리함으로써 결국 선종을 독립적인 종파로 성립시킬 수 있었다.

이런 관점에서 보면 회해는 거의 종교개혁가였다.

실제로 이런 계율은 불교와 관련해서도, 선의 이해와 관련해서도 모두 혁명적이었다. 앞에서 언급한 대로 선의 산스크리트어에서의 본래 의미는 고요한 생각이며 영어로는 보통 묵상, 명상이라는 뜻의 'Meditation'으로 번역된다. 그런데 회해와 혜능은 이 정의를 완전히 뒤집어버렸다. 부처가 되는 경로는 순간적인 돈오일 뿐만 아니라 몸소 힘껏 실천하는 것도 포함된다는 것이었다. 이것은 초연하고 분석적인 인도 불교와는 완전히 동떨어진 해석이었다.

반면에 유학과는 갈수록 가까워졌다. 부처가 되는 것과 성인이 되는 것, 수행과 수신, 자비와 인애仁愛는 서로 자리를 바꿔도 무방했다. 다만 선종이 치국평천하治國平天下를 하지 않는 것만 다를 뿐이었다. 하지만 널리 중생을 제도한다는 그들의 주장이 "세상 모든 사람이 다 형제四海之內皆兄弟也"라는 유가의 이상으로 이해될 수도 있었다. 만약 충효까지 찬성하면 유가 윤리와 전혀 부딪치는 점이 없었다.

가사를 입었을 뿐, 이미 유생이나 다름없었다.

그런데 이런 변혁은 오직 선종만이 실현할 수 있었다. 이것은 혜능이 세상 속 불법을 주장하는 동시에 모든 중생이 불성을 가졌다는 입장을 고수했기 때문이다. 불성의 문제는 선원의 새 계율과도 관계가 있었다. 노동을 멸시하는 사람이 정말로 중생이 평등하다고 생각할 리는 없기 때문이었다. 소승불교가 인성은 인성이고 불성은 불성이라고 고집한 까닭은 사실 일부 사람만이 고귀한 카스트로서 부처가 될 수 있다고 믿었기 때문이다.

부처와 중생은 그들이 보기에는 사실 하늘과 땅만큼이나 달랐다.

혜능은 이 경계를 지워버렸다. "모든 중생은 다 불성이 있다"는 것은 대승불교의 관점이었지만 이 관점을 현실화한 것은 혜능이었다. 그는 나무꾼과 행자의 신분으로 선종의 육조가 됨으로써 누구나 부처가 될 가능성이 있음을 몸소 증명했다. 이는 누구나 요순이 될 수 있다고 한 맹자의 말을 떠오르게 한다. 불성은 반야(만물의 참다운 실상을 깨닫고 불법을 꿰뚫는 마음의 작용)의 지혜의 씨앗으로서 사람이라면 누구나 갖고 있다. 물론 그것을 갖고서 경작을 하느냐 안 하느냐는 개인의 몫이다.

이것은 일종의 시대정신이었다.

생기발랄했던 당나라는 확실히 경작의 시대였으며 뿌린 씨앗이 꽃을 피우고 열매를 맺은 시대이기도 했다. 그전의 400년에 걸친 동란은 중국의 대지에 깊이 쟁기질을 한 것과 같았다. 밑에 있던 옥토가 파헤쳐지고 바깥의 비료 물이 흘러들었으며 개방적이고 관용적인 정책이 햇빛과 빗물을 충분히 내려줌으로써 생명의 활력이 마음껏 과시되었다. 의심의 여지 없이 그런 시대는 어떤 영역에서든 자신의 목소리를 내기 마련이다.

이에 선종은 종교 분야의 대변인으로 선택되었다.

시대정신

그 선택은 문벌 제도의 쇠퇴 후에 시작되었다.

사실 중국에 카스트 제도는 없었지만 혈통과 가문의 관념은 있었다. 역사적으로 나타난 것은 서주부터 춘추의 귀족 정치와 위진남북조의 문벌 정치였다. 귀족 정치 시대에 불교는 아직 중국에 전래하지 않았고 중국 민족도 독자적인 종교를 낳지 못했다. 사람들의 마음을 사로잡고 있던 것은 조상 숭배였으며 이 조상 숭배는 명, 청까지 계속 주류를 이뤘다.

그 후로 귀족 정치가 진, 한 양대에 점차 관료 정치에 자리를 내줄 때 문벌 제도가 탄생했다. 문벌 시대의 통치계급은 귀족 영주가 아니라 사족土族 지주였다. 그들은 영지를 세습하지는 않았지만 관리가 되는 경로를 독점했다. 그리고 "상품의 관리 중에 한문寒門이 없고 하품의 관리 중에 세족勢族이 없었으니" 조상이 누구냐에 따라 관직의 고하 **170**

가 좌우되었다. 중국의 문벌 제도가 세계에서 유일무이했던 것은 조상을 숭배하는 중국에만 그 제도의 토양이 있었기 때문이다.

물론 관료제도가 중국에서 가장 일찍 성숙했기 때문이기도 했다.

그런데 그 과정에서 모순이 생겼다. 관료 정치는 결코 관료가 되는 경로가 독점되는 것을 허용하지 않았고 제국 제도도 결코 국토가 나뉘어 점유되는 것을 허용하지 않았다. 천하의 통일을 유지하려면 귀족 영주를 없애야 했고 황권의 지고至高함을 보장하려면 사족 지주를 없애야 했다. 한, 당 양대는 바로 이런 사명을 짊어졌다.

혈통 관념과 귀족 정치가 흔들렸던 때는 한나라 시대였고 가문의 관념과 문벌 정치가 흔들렸던 때는 당나라 시대였다. 한나라는 평민 왕조였으며 당나라는 혼혈 왕조였다. 두 왕조의 서로 다른 성격이 그들의 서로 다른 기질을 길러냈다. 한, 당 사이의 위진남북조도 자신만의 기풍을 갖고 있었다.

그것은 황하의 구불구불한 물줄기 같은 역사의 장대한 과정이었다.

한나라는 전체적으로 웅장하고 대범했다. 웅장해서 중후했고 대범해서 진솔했다. 비석 조각과 진흙 인형과 화상석畫像石 그리고 곽거병霍去病 묘 앞의 조각상을 보면 첫 번째 농업 대국의 갓 태어난 송아지처럼 미숙하고 단순한 원기왕성함과, 신흥 귀족 지주의 딸이 시집을 가는 듯한 설렘과 천진난만함이 표현되어 있다. 비록 진부하고 장황한 경학과 요망하고 황당한 참위讖緯(길흉화복을 예언하는 술법서) 그리고 서술과 대비가 가득해 지루하기만 한 한부漢賦에는 한나라 문명의 긍지와 자신감이 없긴 했지만 말이다.

자신감의 배후에는 역사의 논리가 있었다.

사실 진시황의 정치적 유업의 계승자이자 진정한 의미의 '중화 제1제국'으로서 한나라는 제정帝政 시대의 기본 원칙과 주조, 즉 중농억상重農抑商, 중앙집권, 유교숭상, 효치孝治 천하(효도를 중하게 여기는 것으로 천하를 다스림)의 기틀을 닦았다. 만약 헤겔이 말한 것처럼 역사와 논리가 일치한다면 한나라는 역사적 논리의 "긍정과 부정과, 부정의 부정"에서 첫 번째 단계에 해당했다.

두 번째 단계는 위진남북조였다.

논리적 의미의 부정으로서 위진남북조는 한나라와 기간은 대략 비슷했지만 풍모는 완전히 정반대였다. 화하족과 이민족이 뒤섞이고 전란이 끊이지 않았다. 천하통일이 군웅할거로 바뀌고 통치계급은 사족 지주로 바뀌었으며 이데올로기도 위진 현학玄學으로 바뀌어 불교조차 무속화된 부도도浮屠道로부터 현학화된 반야학으로 바뀌었다.

당연히 풍골風骨도 풍도風度로 바뀌었다.

한나라 문화에는 풍골이란 것이 있었다. 이것은 심지어 후한 건안建安 시기까지 이어져서 일명 '한위漢魏 풍골'이라 불렸다. 풍골은 사실 무형의 정신적 힘으로서 "글을 격앙되게 하는" 일종의 원기와 정력이었다. 건안 시인들이 "비분강개함에 기운을 내맡기고, 활달하게 재능을 172

구사한慷慨以任氣, 磊落以使才"것은 그 시대의 종결편이었으며 어느 정도 는 가장 강력한 목소리이기도 했다.[14]

그 후로는 자유롭고 초탈하게 변했다. 마땅히 그전의 어느 시대도 위 진 시대처럼 재능과 기질을 심미의 대상으로 삼고 산수 유람과 음주와 청담淸淡 등을 생활 방식으로 삼아, 극도의 자유분방함과 극도의 진지 함을 통일시켜 한 가지 풍도로 담아낸 적이 없다고 말해야만 하겠다. 위진 시대의 명사들은 기본적으로 똑같이 그런 분위기를 띠었다. 선진 시대의 제자백가처럼 저마다 다른 이야기를 하지는 않았다.

그래서 위진풍도는 사실 일종의 심리 상태였으며 그 심리 상태는 사 상과 연관이 있었다. 사람들이 흥미진진하게 논하던 것이 도가의 무와 불가의 공이었던 이상, 예지적인 말투와 태도가 추구하는 목표가 되는 것이 당연했다. 아름다운 풍모를 편애한 것도 이상한 일은 아니었다. 그 런 풍모가 탈속적인 언행으로 나타나고 출중한 예지를 구현할 뿐만 아 니라, 현학의 본체와 반야의 지혜도 모두 마지막에는 아름다움으로 변 해야 하기 때문이었다.

세 번째로 부정의 부정에 해당하는 당나라는 휘황찬란했다. 현학 의 시대가 붕괴하면서 드넓은 지평과 여러 문화유산을 남겼고 혼혈 왕 조였던 수와 당은 넓은 도량으로 대외개방을 실천하며 다양한 문화를 수용했다. 그들의 새로운 문명은 당연히 다원적이고 다채로울 수밖에 없었으니, 그 화려한 색채는 당삼채唐三彩의 납 유약처럼 강렬하기 그지

173

14　유협劉勰, 『문심조룡文心雕龍』 「명시明詩」를 참고.

없었다.

수수하고 질박한 것은 선종뿐이었던 것 같다.

선종은 확실히 소박했다. 사람을 질리게 하는 거창한 해설이나 화려한 묘사와 대구도 없이 가장 평범한 일상 용어만 썼다. 어떤 고승은 심지어 모내기를 하다가 깨달음을 얻고 아래와 같은 게송을 지었다.

손에 모를 쥐고 논에 심는데
머리를 숙이니 물에 하늘이 비치네
육근六根(인식 작용의 근원)이 청정해 바야흐로 벼를 이루니
물러나는 게 본디 나아가는 것이네
手捏青苗種福田
低头便見水中天
六根清淨方成稻
退步原來是向前[15]

농업이 기계화되기 전까지 모내기는 농사의 기본 중 하나였다. 따로 키운 모를 논에 심기 위해 농민들은 허리와 고개를 숙인 채 일해야 했다. 만약 앞으로 나아가면 이미 심은 모를 밟을 수도 있어서 한발 한발 뒤로 물러나곤 했다. 그런데 이 고승은 매년 반복되는 그 단순한 노동에서 커다란 이치를 발견했다. 글자들이 다 소박하고 또 시구들은 다 174

---

15 이 게송은 오대 후량의 고승 포대布袋 화상이 지었지만 『경덕전등록』과 『오등회원』에는 없고 원말 임제종의 담악曇噩이 편찬한 『명주정응대사포대화상전明州定應大師布袋和尚傳』에 실려 있다. 그래서 위작일 수도 있지만 어쨌든 선종을 대표한다.

모내기 그림
청나라 궁정화가 초병정焦秉貞이 그린 「어제경직도御製耕織圖」의 1696년 판본. 이 도책에는 경작도 23점, 방직도 23점이 있고 그림마다 강희제의 시가 한 편씩 들어 있다.

중의적인데, 확실히 직접 생산 활동에 참여해본 선승만이 쓸 수 있는 작품이다.

그렇다. 벼를 이루는 것은 곧 도를 이루는 것이고 물에 비친 하늘은 부처를 뜻한다.

이런 소박함은 독보적이면서도 정확히 '부정의 부정'에 해당한다. 즉, 심리 상태는 위진처럼 심원하고 형식은 한나라처럼 단순한데, 그러면서 평온하고 태연자약해 보통의 현학적인 말보다 한 수 위다. 그런데 이런 경지를 지닌 선종은 어떻게 당나라 종교의 대변인이 되었을까?

과거제 때문이었다.

사실 선종의 흥기와 과거 제도의 발전은 거의 나란히 진행되었다. 당나라 과거제의 발전은 고종 시기에 시작되어 현종 시기에 완성되고 덕종 시기에 정점을 이뤘다. 그런데 혜능이 육조가 되고, 남종이 정통이되고, 회해가 종교개혁을 한 것이 딱 이 세 시기였다. 더욱이 회해와 같은 시기, 같은 배분이었던 이들로 남천보원南泉普願, 홍선유관, 약산유엄藥山惟儼, 단하천연, 천황도오天皇道悟 등이 있었는데 이들은 다 뛰어난 인재였다. 마지막으로 과거제가 완전히 성숙하고 선종이 크게 유행한 시기는 모두 당나라 이후의 송나라 시대였다. 자, 이것은 우연이었을까, 하늘의 뜻이었을까?[16]

둘 다 아니었다. 그저 이치상 당연한 일이었다.

앞에서 사족 지주를 없애는 것이 당나라의 역사적 사명이었다고 언

---

16 당나라 과거제의 성행이 고종 때 시작되어 현종 때 완성되고 덕종 때 정점에 이르렀다는 것은 천인커陳寅恪 선생의 관점이며『원백시전논고元白詩箋論考』를 참고했다. 그리고 백장청규가 창립된 정확한 시점에 관하여 일부 학자들은 당목종 원화元和 9년(814) 4월에 백장청규가 완성되고 13년(818)에 그 징표로 비석이 세워졌다고 주장한다. 그러나 그때 회해는 이미 입적한 상태였으므로 어떤 학자는 그가 백장청규를 창립한 게 아니라고 생각한다. 사실 회해의 종교개혁에서 중요한 내용은 두 가지로 나뉜다. 하나는 따로 선승들의 거처를 세운 것이고 다른 하나는 선승들이 노동에 참여하게 한 것인데, 후자가 시간적으로 더 이른 일이었던 게 분명하다. 회해는 95세까지 살았으며 덕종 시기에 속하는 60세부터 86세까지가 그의 중요한 활동기였을 것이다. 덕종 시기나 그 전후가 선종의 개혁기에 해당하기 때문이다.

급한 바 있다. 또 평민 출신의 서족庶族 지주가 조만간 역사의 무대에 등장할 참이기도 했다. 그래서 문벌 정치가 막판에 몰려 거의 기울었을 때 과거제가 발명되었다. 이것은 제국의 문관 집단을 위해 인재 풀을 수립했을 뿐만 아니라, 관료의 유생화와 유생의 관료화를 실현했으며 천하의 지식인들에게 상대적으로 공평한 출세의 길을 제공하기도 했다. 가난한 선비도 가문과 상관없이 자신의 노력만으로 벼락출세를 하고 고관이 될 수 있었으니, 이는 또 다른 의미에서 "널리 중생을 제도하는 것"이나 "그 자리에서 바로 부처가 되는 것"인 셈이었다.

가난한 집안 출신도 관리가 될 수 있고 일자무식도 부처가 될 수 있었으니 확실히 당나라는 새로운 시대였다. 그리고 어쩐지 서족과 선승이 잘 어울렸던 것은 그들이 함께 혈통과 가문의 관념에 도전하고 있었기 때문이며 또 선종이 시대의 대변인이 된 것은 현학화된 반야학이 문벌 지주의 이데올로기였던 반면, 선종은 부지런히 일해야 했던 가난한 서족에게 속했기 때문이다. 관농關隴의 귀족 집단 및 산동의 호족과 싸워 이기고 나서 그들은 장차 시대의 주인이 될 터였다.

하물며 선종은 사람들에게 입세入世와 출세, 관직의 추구와 부처의 추구는 서로 결코 모순적이지 않다고 말했다. 부처가 되는 것은 단지 하나의 생각에 달렸기 때문이었다. 과거에 합격한 사람은 물론이거니와 과거에서 떨어졌거나 면직당해 평민이 된 사람도 물러나 참선을 해도 무방했다. 선종은 어려운 조건에서 힘들게 공부하는 사람, 관리가 되는 데 실패한 사람, 벼슬길에서 부침이 심한 사람 등에게 잘나갈 때는 휴식처를, 힘들 때는 피난처를 제공했다. 물론 심리적인 차원에서 그랬다는 말이다.

이와 동시에 사대부와 지식인들의 심경이 평온해지고 사상과 문화도 내적 성찰의 경향을 띠었다. 출세는 과거를 통해 해결하고 마음의 평화는 선종에 맡겼기 때문이었다. 과거는 국가의 안정을, 선종은 마음의 균형을 보장했다. 이로부터 중국인의 시선은 더는 외부 세계에 머물지 않고 훨씬 더 많이 내면의 영혼으로 향했다. 이것은 중당부터 북송, 남송에 이르는 기본 경향이었다.

시대는 영웅을 낳고 관념도 낳는다.

물론 여기에도 똑같이 어떤 과정이 있었으며 역시 똑같이 흥미로웠다.

자유로 통하는 길

마조도일은 불법을 배우기 시작하면서 좌선도 했다.

이에 남악회양南嶽懷讓이 선방禪房에 가서 그를 살폈다.

회양이 도일에게 물었다.

"젊은이, 대체 무엇을 하려고 여기에서 좌선을 하는가?"

"부처가 되려 합니다."

회양이 벽돌 한 개를 찾아 벽에 대고 갈았다.

도일이 회양에게 물었다.

"화상께서는 왜 벽돌을 가십니까?"

"거울을 만들려 하네."

"벽돌을 간다고 거울이 됩니까?"

"벽돌을 갈아서 거울이 안 되는데 좌선을 한다고 부처가 될까?"

179 "그러면 어떡해야 합니까?"

"소달구지가 안 움직이면 달구지를 채찍질해야 하는가, 소를 채찍질해야 하는가?"

도일이 대답을 못하자 회양은 말했다.

"자네 스스로 잘 생각해보게. 대체 왜 좌선을 배워야 하는지, 부처가 되는 것을 배워야 하는지 말이야. 만약 선을 배운다면 선은 앉고 눕는 것이 아니고 부처를 배운다면 부처는 정해진 모습이 없네. 자네처럼 이렇게 종일 좌선이나 하고 있으면 이것은 부처를 배우는 것이 아니라 부처를 죽이는 걸세."

도일은 벼락을 맞은 듯 깨달음을 얻었다.[17]

돌아보면 회양은 혜능에게 직접 가르침을 받은 제자로서 조금도 손색이 없었다. 실제로 선종의 주된 취지는, 심성이 본래 맑고 불성이 본래 있어서 무념을 근본으로 삼아 본성을 꿰뚫어 봄으로써 부처가 된다는 것이었다. 이에 관해 혜능은 아래와 같이 명확히 말했다.

내 마음에 스스로 부처가 있으니
자기 부처가 진짜 부처라네
스스로 부처의 마음이 없다면
어디에서 진짜 부처를 구하겠는가
我心自有佛
自佛是眞佛

17 『오등회원』 3권을 참고.

自若無佛心

何處求眞佛?[18]

　이것이 바로 회양이 좌선을 주장하지 않은 이유다. 선은 달구지고 마음은 소다. 소가 가려 하지 않는데 자네는 왜 달구지에 채찍질을 하는가? 부처가 자네 마음속에 있는데 왜 찾지 않는가?

　당연히 소가 가려고 해야 달구지도 탈 수 있다. 그렇지 않으면 역시 잘못된 집착이다.

　그래서 수행에 대한 선종의 주장은 다음과 같았다.

부처에 집착해 구하지도 않고

법에 집착해 구하지도 않고

승려에 집착해 구하지도 않는다

不著佛求

不著法求

不著僧求[19]

　이것은 당연히 혁명이었고 또 전복이었다. 불교의 가르침과 수행의 핵심은 불, 법, 승이고 이를 따로 삼보三寶라 하며 불문에 귀의하는 것은 곧 삼보에 귀의하는 것이었기 때문이다. 선종은 혁명파로서 당연히

18　『육조단경』「부촉품付囑品」을 참고.

19　『오등회원』 4권의 '황벽희운黃檗希運' 항목을 참고.

전복을 꾀해야 했다. 하지만 문제는, 마음은 보이지 않는데 깨달음은 계기가 필요하고 법을 전하는 것도 매체가 필요해서 소와 달구지 모두 없어서는 안 된다는 데 있었다. 부처에 집착해 구하지도 않고, 법에 집착해 구하지도 않고, 승려에 집착해 구하지도 않으면 어디에서 구해야 한단 말인가?

생활, 실천, 대자연이었다.

실제로 선종은 장자와 위진의 명사들처럼 열렬히 자연을 사랑했다. 자연은 중국어에서 본래 '자연히' '저절로'라는 뜻을 갖고 있어서 "깨달음은 바깥으로 구하지 않는다覺悟不假外求"는 선종의 주장과 고도로 일치했기 때문이다. 그래서 선종에서는 자연계가 가장 불성이 풍부하고 또 가장 무상정등정각無上正等正覺(부처의 깨달음의 경지로 위가 없는 바르고 원만한 깨달음)에 가깝다고 여겨, 이른바 "푸르디푸른 대나무는 모두가 법신法身(불법의 이치와 일치하는 부처의 몸)이요, 무성한 노란 꽃은 반야가 아닌 것이 없다青青翠竹, 總是法身, 鬱鬱黃花, 無非般若"[20]고 했다.

이에 선의 수행은 자연을 즐기는 것으로 변했다.

봄에는 온갖 꽃이 피어나고 가을이면 달이 비치며
여름에는 시원한 바람 불고 겨울에는 눈이 내리니
마음에 걸리는 쓸데없는 일만 없다면
사시사철 사람이 살기에 좋은 시절이네

182

---

20 『대주선사어록大珠禪師語錄』을 참고.

春有百花秋有月

夏有涼風冬有雪

若無閑事挂心頭

便是人間好時節[21]

때로는 배를 띄워 낚시를 드리웠다가 빈손으로 돌아오기도 했다.

천길 물 밑에 낚싯줄 곧게 드리우자

한 물결 일어나니 만 물결 뒤따르네

밤은 고요하고 물은 찬데 고기가 안 물려서

달빛만 가득 싣고 빈 배로 돌아왔네

千尺絲綸直下垂

一波才動萬波隨

夜靜水寒魚不食

滿船空載月明歸[22]

반야의 지혜는 이렇게 아름다움으로 변했다.

'도道'가 기독교에서는 육신으로 변했고 이슬람교에서는 경전으로 변했다고 한다면 확실히 선종에서는 생활로 변했다. 그래서 송나라의 고승 극근克勤 선사가 '다선일미茶禪一味' 즉 차를 마시는 것과 선을 수행

183

---

21 『무문관無門關』을 참고. 저자는 남송의 선사 혜개慧開다.

22 『오등회원』 5권을 참고. 저자는 혜능의 5세 제자인 선자덕성船子德誠이다.

하는 것은 같은 맛이라는 명언을 쓸 수 있었던 것이다. 그러나 차 맛이 곧 선의 의미라고 생각한다면 그것은 심각한 착각이다.[23]

애석하게도 많은 이가 이 단계에도 도달하지 못했다. 어떤 율사律師도 그랬다.

율사는 경서와 계율에 해박한 승려를 가리킨다. 불가의 분류법에 따르면 참선하는 승려는 선사이고 계율을 강설하는 승려는 율사다. 본래 가는 길이 다르면 서로 어울리지 말아야 한다. 하지만 그 햇병아리 율사는 마조도일의 제자이자 백장회해, 남천보원, 홍선유관의 사 형제였던 대주혜해大珠慧海를 굳이 찾아가 못살게 굴었다.

율사가 혜해에게 물었다.

"당신네 선사들도 열심히 공부를 합니까?"

"물론이죠."

"어떻게 공부를 합니까?"

"배고프면 먹고 졸리면 잡니다."

"그러면 일반인과 무슨 차이가 있습니까?"

"그들은 밥 먹을 때 백 가지 생각을 하고 잠잘 때도 천 가지 계산을 한답니다."[24]

앞뒤가 꽉 막힌 그 율사에게 혜해는 깨우침을 주었다. 중생의 미혹은 밥을 먹어도 잘 먹지 못하고 잠을 자도 잘 자지 못하는 데 있다는 것이었다. 그렇다면 밥 먹는 것은 밥 먹는 것이고, 잠자는 것은 잠자는 **184**

---

23 진품을 제자가 일본으로 가져갔고 현재 나라의 다이도쿠사大德寺에 소장되어 있다.
24 『오등회원』 3권을 참고.

것이고, 차 마시는 것은 차 마시는 것임을 정확히 인식하면 되는 것일까?

그것도 아니다.

언젠가 송나라의 제형관提刑官(형사 사건과 재판, 형벌을 담당하는 관리)이 사직을 앞두고 쌍봉산에 가서 법연法演 선사에게 수행과 깨달음의 법문을 가르쳐달라고 청했다. 법연은 빙그레 웃으며 그에게 말했다.

"대인께서는 젊으시니 연애시를 좀 읽어보셨겠지요? '하녀를 자주 부르는 것은 본디 일이 있어서가 아니라, 그저 님이 내 목소리를 알아듣기를 바라서라네頻呼小玉原無事, 只要檀郎認得聲'라는 두 구절이 대단히 적절합니다."

제형관은 듣고 나서 고개를 끄덕이고는 자리를 떴다.

훗날 '다선일미'라는 명언을 쓴 극근은 당시 법연의 제자이자 심부름꾼이었다. 그가 스승에게 물었다.

"그 대인이 이해했습니까?"

법연은 말했다.

"목소리를 알아듣기만 했지."

표면적으로는 그 정도면 괜찮았다. 그 시는, 잘생긴 남자가 어느 집에 손님으로 왔는데 그 집 아가씨가 얼굴을 내밀기가 불편해서 계속 하녀를 불러댄다는 내용이다. 사실 그녀는 아무 용무도 없었다. 그저 좋아하는 남자에게 자기 목소리를 기억하게 하고 싶었을 뿐이었다. 그래서 극근은 물었다.

"스승님은 '그저 님이 내 목소리를 알아듣기를 바라서라네'라고 말씀하시지 않았습니까? 이미 대인이 목소리를 알아들었다면 또 뭐가 문제입니까?"

법연이 사납게 소리쳤다.

"달마 조사가 서쪽에서 온 뜻은 뜰 앞의 잣나무냐? 말하거라!"

극근은 환하게 깨닫고 그에게 답했다.

"젊은 시절에 풍류를 즐긴 일은 함께한 사람만 알 뿐이네少年一段風流事, 只許佳人獨自知."

법연은 "축하한다!"고 말했다.[25]

이것은 집착을 깨뜨린 전형적인 사례로서 난해해 보이지만 사실은 단순하다. 밥 먹는 것이든, 잠자는 것이든, 아니면 차를 마시거나 연애를 하는 것이든, 어떤 경로로 깨달음을 얻어도 상관없다는 것이다. 왜냐하면 "하녀를 자주 부르는 것은 본디 일이 있어서가 아니기 때문"이다. 심지어 "님이 목소리를 알아듣는 것"도 중요치 않다. 중요한 것은 '마음을 아는 것'이다.

마음을 아는 것은 부처를 아는 것이니, 다시 말해 깨닫는 것이다. 하지만 이것은 당신과 부처 사이의 일이다. 당신과 부처만 알고 또 당신과 부처만 알면 된다. 마치 젊은 시절에 풍류를 즐긴 일은 자신과 그녀만 알고, 또 그러기만 하면 되는 것과 같다.

---

25 『오등회원』 19권을 참고. 앞 시의 원문은 "頻呼小玉元無事"이며 '元'은 '原'이다. 독자의 편의를 위해 '原'으로 고쳤다.

그렇다면 차 맛이 곧 선의 뜻이라고 말할 수도 있지 않을까?

그렇기도 하고 그렇지 않기도 하다. 그렇지 않기도 하고 그렇지 않은 것이 아니기도 하다.

이 점을 이해해야 진정으로 '다선일미'를 이해할 수 있고 진정으로 혜해를 이해할 수 있다. 사실 이른바 "배고프면 먹고 졸리면 자는" 것은 결코 전적으로 자연의 순리를 따르는 것이 아니며 더 중요한 것은 자신을 발견하는 것이다. 불성은 각자의 마음속에 있기 때문이다. 마음으로 통하는 길이 바로 자유로 통하는 길이다.

다선일미

사카이 다다쓰네酒井忠恒 편, 송곡산인松谷山人 요시무라吉村 그림의 『전차도식煎茶圖式』 (1865년 출판)의 일부. 중국의 다도는 당송 시기에 점차 형성되었으며 상징적인 사건은 육우陸羽, 『다경茶經』의 등장이었다. 또 극근의 글씨도 일본 다도와 밀접한 인연이 더 있다.

하지만 안타깝게도 그것은 매우 어려운 일이다.

언젠가 한 승려가 흥선유관에게 가르침을 청했다.

"대화상, 도는 어디에 있습니까?"

"바로 눈앞에 있소."

"눈앞에 있다면 왜 저는 보지 못합니까?"

"당신한테 '나我'가 있어서 그렇소."

"그러면 대화상, 당신한테는 보입니까?"

"너도 있고 나도 있으면 더 안 보인다오."

"나도 없고 너도 없으면 보이겠군요?"

"나도 없고 너도 없으면 누가 보겠소?"[26]

이것이야말로 정말 훌륭한 경지다.

26 『오등회원』 3권을 참고.

중국을 바꾸다

흥선유관이 제기한 문제는 답하기가 쉽지 않다.

우리는 선종이 일관되게 "마음이 곧 부처이고 부처는 곧 마음이며 마음 밖에 부처가 없고 부처 밖에 마음이 없다心卽是佛, 佛卽是心, 心外無佛, 佛外無心"고 주장했음을 알고 있다. 다시 말해 누가 부처가 되려 한다면 자신의 속마음을 관조해 자신을 발견하고 자신을 되찾아야 한다는 것이다.[27]

하지만 그 전제로 자신을 타파해야 한다. 깨닫기 위해서는 집착을 깨뜨려야 하는데 가장 먼저 깨뜨려야 하는 것이 바로 '아집我執'이기 때문이다. '나'는 사람이 가장 집착하기 쉬운 동시에 가장 타파하기 어려운 것이다. 바로 '나'가 불성을 덮고 있으므로 아집을 깨뜨려야만 진짜 부처를 볼 수 있다. 흥선유관이 '나'가 있어서 도가 안 보인다고 한 까닭이 여기에 있다.

189

---

27 『달마혈맥론達磨血脈論』을 참고. 『조당집祖堂集』 「마조전馬祖傳」에도 도일이 늘 사람들에게 "지금 당신들 각자의 믿는 마음이 부처이며 이 마음이 곧 불심입니다汝今各信心是佛, 此心卽是佛心"라고 말했다고 나온다. 「도일선사탑명병서道一禪師塔銘幷序」에는 도일이 항상 "부처는 사람에게서 멀지 않으니 마음 그 자체가 증명한다佛不遠人, 卽心而證"라고 말했다고 기록되어 있다.

그런데 "내 마음이 곧 부처이고 부처가 내 마음에 있다"면 어떻게 '나'를 인정하지 않을 수 있느냐가 또 문제다. 인간의 정신은 예외 없이 자의식을 전제로 한다. 내가 없으면 마음이 없고 마음이 없으면 불성도 없다. 하물며 '나'가 없어지면 부처가 된들 뭘 하겠는가?

아마도 "나를 잊고 부처를 보존하는忘我存佛" 수밖에 없을 것이다.

사실 이것은 결코 용이하지 않다. 시늉만 하다가 낭패를 보기 십상인데 법명이 현기玄機였던 당나라의 한 비구니가 바로 그랬다. 그녀가 설봉雪峯 선사에게 도전했을 때 설봉은 "당신, '현기'는 하루에 베를 얼마나 짜시오?"라고 물었다. '현기'의 '기機'는 베틀이라는 뜻이 있어 중의적으로 말한 것이다. 이에 그녀는 "실 한 올도 베틀에 걸지 않습니다"라고 답했다. 그런데 설봉에게 일격을 가했다고 생각한 현기가 산문山門을 나와 몇 걸음 가고 있을 때 설봉이 그녀를 불러 세웠다.

"현기 사태師太(비구니를 부르는 존칭), 가사가 땅에 쓸리는구려."

현기는 즉시 뒤를 돌아보았다.

이에 설봉은 말했다.

"하하, 실 한 올도 걸지 않는다더니!"[28]

집착을 깨뜨리고 나를 잊는다는 게 어찌 어렵지 않겠는가?

이렇게 어렵기 때문에 '공안公案'이라는 것이 생겼다.

공안은 본래 관청의 공문서 또는 심사를 앞둔 안건을 가리켰다. 선종에서는 지혜를 일깨우고 교리를 논쟁하는 것이 꼭 관청의 안건 심리 190

28 『오등회원』 2권을 참고.

나 백성의 소송과 같다고 생각해, 전대 선사들이 옳고 그름과 미혹되고 깨달은 것을 판단한 사례를 공안이라고 불렀다. 설봉 선사와 현기 사태의 이야기도, 법연과 극근의 이야기도 다 공안이다.

하지만 관청의 공안은 단도직입적이고 간단명료했다. 옳고 그름을 명확히 가려야 하기 때문이었다. 이에 반해 선종의 공안은 옳고 그름을 명확히 못 가릴 뿐만 아니라 아예 옳고 그름이 없었다. 사실 본질적으로 말하면 누가 옳고 누가 그르다고 하는 것 자체가 집착이라고 보았다. 마찬가지로 "모든 세상이 단지 나의 마음이고 모든 대상이 단지 나의 의식이다三界唯心, 萬法唯識"라고 하는 것도 집착으로 보았다.

일례로 누가 마조도일에게 이런 질문을 했다.

"화상께서는 왜 '마음이 곧 부처卽心卽佛'라고 하십니까?"

"아이가 울지 않게 하기 위해서다."

"아이가 울지 않는다는 것은 또 어떤 겁니까?"

"마음도 아니고 부처도 아니다非心非佛."[29]

이것은 자기 부정이었다. 부정의 목적은 집착을 깨뜨리는 것, 다시 말해 "마음이 곧 부처"라는 것에 대한 승려와 신도들의 집착을 타파하는 것이었으며 사실 위의 두 가지 견해는 본질적인 차이가 없다. 하지만 역시 매우 이해하기 어렵다. 옳은 것은 옳은 것이고, 틀린 것은 틀린 것이고, 까만 것은 까만 것이고, 하얀 것은 하얀 것인데 "마음도 아니고 부처도 아닌" 것이 어떻게 "마음이 곧 부처"일 수 있단 말인가?

191

29 『오등회원』 3권을 참고.

충격 요법을 동원하지 않을 수 없었다. 벼락처럼 깨달음이 깃들게 해야 했다.

이에 '기봉機鋒'이 생겼다.

기봉도 선종 특유의 것이다. '기'는 기밀, 우연, 민첩함이라는 뜻이 있고 '봉'은 예리함을 뜻한다. 다시 말하면 우연의 일치를 이용해 기밀이 담긴 언어나 동작 또는 방할처럼 상식을 벗어난 수단을 빌려 일거에 집착을 깨고 마음에 불을 밝히는 것이다. 그래서 '선기禪機'라고도 한다.

선기의 함의는 불성의 본체와 같아서 마음으로 느낄 수는 있으나 말로 전할 수는 없어, 당사자가 마음속으로 깨닫고 이해하는 것이 전부다. 여기에는 오성悟性이 필요하고 혜근慧根(깨달음의 길로 이끄는 다섯 가지 근원 중 하나)도 필요하다. 덕산선감의 깨달음이 그 예다. 당시 별도 달도 안 보이는 심야에 용담숭신이 옆에서 시중을 들던 선감을 방으로 돌려보냈다. 선감은 문밖으로 나섰다가 뒤를 돌아보며 말했다.

"하늘이 너무 캄캄합니다."

숭신은 그를 위해 초에 불을 켜고 건네준 뒤, 바람을 불어 촛불을 껐다.

선감은 그 순간 깨달았다.[30]

물론 상대가 못 깨달으면 어찌할 도리가 없다. 일례로 누가 석두희천에게 해묵은 문제를 물었다.

"달마가 서쪽에서 온 뜻이 무엇입니까?"

---

30 『오등회원』 7권을 참고.

"가서 노주露柱(가문을 과시하는 기둥의 위쪽 끝에 용 모양으로 새긴 부분)에 대고 물어봐라."

그 사람은 "안 하겠습니다"라고 말했다.

희천도 "나도 안 할 것이다"라고 말했다.[31]

이 이야기는 결론이 없는데도 공안으로 전해진다. 실제로 후대의 많은 이가 공안 읽기를 통해 선을 수행했고 공안을 기록한 책도 선문의 필독서가 되었다. 그 공안들은 밋밋하고 별다른 게 없어 보이는데도 말이다.

예를 들어 누가 혜륜惠輪에게 물었다.

"보검이 칼집에서 나오기 전에는 어떻습니까?"

"밖에 있지 않지."

"칼집에서 나온 뒤에는 어떻습니까?"

"안에 있지 않지."[32]

이 말은 평범해 보이지만 사실 깊은 뜻이 담겨 있다. 첫 번째 대답이 "안에 있지"가 아니고 "밖에 있지 않지"이고, 두 번째 대답도 "밖에 있지"가 아니고 "안에 있지 않지"여서 강조하는 것이 곧 부정이기 때문이다. 부정해야만 집착을 깨뜨릴 수 있다. 그 집착은 "집착을 깨뜨리는 것에 대한 집착"도 포함한다. 이런 까닭에 희천도 "나도 안 할 것이다"라고 말했을 것이다.

193 이것은 그전에는 없었던 사상이자 사유 방식 그리고 담화 방식이었

---

31 『오등회원』 5권을 참고.

32 『오등회원』 8권을 참고.

다. 한마디로 과거에는 없었고 이후에만 존재했다. 청나라 때 나온 『홍루몽』의 인물 중에도 참선의 고수가 적지 않다. 예컨대 주인공 가보옥賈寶玉이 게송을 짓길, "당신도 깨닫고 나도 깨닫고, 마음으로도 알고 뜻으로도 깨달았네. 더 깨달을 게 없어 깨달았다 할 수 있네. 깨달았다 할 수 있는 것도 없어 만족스러운 경지네你證我證, 心證意證, 是無有證, 斯可云證, 無可云證, 是立足境"라고 하자, 여주인공 임대옥林黛玉은 경지가 부족하다고 여겨 "만족스러운 경지도 없어 바야흐로 말끔하네無立足境, 是方乾淨"라고 두 구절을 덧붙였다.[33]

위의 이야기는 당연히 허구이지만 분위기는 현실적이다. 실제로 참선은 당송 이후 지식인들의 일상생활에서 중요한 부분을 차지했고 심지어 유행이었다. 선열禪悅(선정에 들어 느끼는 기쁨), 선풍禪風, 선어禪語, 선의禪意, 선시禪詩, 선화禪畫 그리고 어록체語錄體와 산림기山林氣까지 이루다 헤아릴 수조차 없었다. 당, 송, 원, 명, 청이 하나로 이어진 듯한 느낌이 드는 것은 공통적으로 삼성육부三省六部와 과거제가 있었기 때문만이 아니라, 또 선종이 있었기 때문이기도 했다.[34]

사실상 선진 제자백가 이후, 중국 문명의 가장 중요한 사상 문화적 성과는 현학과 선종이었다. 현학과 선종의 영향 아래 중국 민족은 사유와 담론의 방식이 변했을 뿐만 아니라, 생활 방식도 몰라보게 달라졌다. 일례로 모든 사람이 차를 마시기 시작했다. 그전까지 차는 약용이거나 파, 생강과 함께 식용되었다.

194

33 『홍루몽』제22회를 참고.
34 선종의 영향에 관해서는 장중싱張中行, 『선외설禪外說禪』을 참고.

더 흥미로운 것은 차 마시기가 과거제와 선종처럼 당 고종 때 시작되어 현종 때 완성되고 덕종 때 정점에 이른 것이다. 좌선하는 승려들이 앞장서 차를 마시기 시작하면서 선종의 유행 이후로 크게 성행했고 덕종 때는 육우陸羽의 『다경茶經』이 나왔다. 앞으로 차와 선의 관계에 대해 더 깊은 연구가 필요하다고 본다.[35]

조주종심의 명언이 "차나 마시게"일 만했던 것이다.

	당고종 시기	당현종 시기	당덕종 시기
과거제	수나라 제도를 이어받아 보완	과거가 제도로 확립	과거제가 성행
다도	차가 정식으로 음료가 됨	차 마시기가 성행	『다경』이 나오고 다도가 일본에 전해짐
선	혜능이 육조가 됨	남종이 정통이 됨	회해가 종교개혁을 진행하고 선종이 성행

과거제와 다도와 선

확실히 선종의 중국화는 상당한 성공을 거뒀다. 그들은 중국화되는 데 그치지 않고 중국을 바꿔놓았다. 실제로 후대로 갈수록 선종은 중국 문명에서 빼놓을 수 없는 부분이 되었다. 당시, 송사宋詞, 원곡元曲, 산수화, 명청 소설을 보면 곳곳에 선종의 그림자가 깃들어 있다. 격앙되고 자유분방하여 오만한 풍모가 있던 신기질辛棄疾도 "일고여덟 개 별

35 주다웨이朱大渭 등의 『위진남북조 사회생활사』, 리빈청李斌城 등의 『수당오대 사회생활사』에 따르면 중국인의 차 마시기는 한나라 때 시작됐지만 그때는 약용이었다고 한다. 청담에 도움이 됐던 까닭에 위진 때 음료로 변하기 시작했으며 북방에는 당나라 초기까지 보급이 안 됐다. 그러다가 당현종 개원 이후, 승려들의 좌선에 필요해져 차 마시기가 성행했고 당덕종 때 드디어 세계 최초의 차 전문서, 육우의 『다경』이 출현했다. 차와 선의 관계에 대해서는 연구 성과가 매우 많다. 논문만 해도 1300여 편에 달한다. 그러나 과거제 및 선종과 나란히 발전했다는 사실을 언급한 사람은 없는 듯하다.

이 하늘 밖에 있고, 두세 방울 비가 산 앞에 내리네七八个星天外, 兩三點雨山前"라고 해서 선종의 분위기를 짙게 드러냈다.[36]

하지만 선종은 유학에 근접한 상태에서 자신의 성격을 고정시켜야 했다. 유가는 수신제가와 치국평천하를 수행했지만 선종은 단지 마음의 평정을 바랐다. 그들은 심지어 도교와 융합하는 것도 불가능했지만 어쨌든 민심을 놓고 유가, 도교와 경쟁해야만 했다. 이 때문에 결국 정주이학程朱理學과 육왕심학陸王心學이 피치 못하게 탄생하지만 이것은 나중 일이다.

사실 여기에는 득도 있고 실도 있었다.

선종의 가장 큰 긍정적 의의는 중국의 지혜를 풍부하게 만든 데 있다. 그들이 강조한 돈오와 성불 그리고 후대에 남긴 기봉과 공안은 문제를 대하는 새로운 방법과 시각, 즉 집착하거나 구애되어서는 안 된다는 교훈을 제공했다. 이는 노자의 역설적 사유와 장자의 시적 사유를 바탕으로 한 걸음 더 나아간 것이었다. 후대의 많은 학자와 사상가들이 선을 비유로 삼거나 선을 빌려 이치를 설명한 것은 결코 이상한 일이 아니다.

그다음으로, 선종은 우리에게 지혜와 지식의 차이를, 즉 지식은 사회에 속하고 지혜는 개인에게 속하며 또 지식은 주고받을 수 있지만 지혜는 스스로 깨달을 수밖에 없음을 알게 해주었다. 그래서 그들은 불법을 배우는 사람에게는 혜근이, 깨닫는 사람에게는 기지가 있다고

---

36   신기질, 「서강월西江月·야행황사도중夜行黃沙道中」을 참고. 따로 『사고전서총목제요四庫全書總目提要』에서 신기질의 사에 대해 "격앙되고 자유분방하여 오만한 풍모가 있다"고 평했다.

했을 뿐, 정해진 답을 제공한 적이 없었다. 하지만 반대로 공안과 게송은 되풀이해 궁리해도 무방했다. 일례로 보검이 칼집에서 나오는 그 공안은 풀이가 여럿일 수 있었다. 중국인은 본래 이해와 감상에 능했지만 이제 한층 더 수준이 높아졌다. 차를 품평하게 된 것도 이를 증명한다.

마지막이자 결코 중요도가 떨어지지 않는 사실은, 이로부터 중국 민족이 외래문화를 대하는 어떤 모델을, 즉 자신을 위주로 삼으면서 외래문화의 유익한 부분을 받아들여 이용하는 모델을 수립했다는 것이다. 어떤 외래문화도 중국에 들어오면 반드시 중국화돼야만 했다. 그렇지 않으면 수용될 여지가 없었다. 불교의 전래부터 서학西學의 도입까지 번번이 그랬다.

그러나 선종이 창조한 이 모델로 인해 중국 민족은 좋은 기회를 놓쳤고 사상 문화 영역과 정신적 소질의 차원에서 거대한 빚을 졌다. 그 바람에 오늘날까지 그 빚을 다 못 갚고 보충수업을 하는 중이다. 한마디로 선종은 중국사에서 빛과 어둠의 양면을 다 갖고 있는 셈이다. 그런데 이 중요한 화제를 다루려면 반드시 전 지구적 시각을 갖춰야 한다. 광대한 역사적 배경에서만 문명의 향방을 똑똑히 확인할 수 있기 때문이다.

197

제5장

새판을 짜다

현장 법사가 갖고 돌아온 불경 안에는
중국 문명에 부족한 자원이 들어 있었지만
선종 때문에 방치되고 말았다.
하지만 그것도 세계에 새판이 짜이던 시기의
짧디짧은 삽입곡일 뿐이었다.

훼방

단하천연과 그의 동기들이 강서와 호남湖南 사이를 바쁘게 다니고 있을 무렵, 세계도 새롭게 판이 짜이고 있었다. 그중 적어도 두 가지 사건은 특별히 언급할 만한데, 하나는 과거에 야만족이었던 프랑크인이 이때 로마 교황의 후원자가 되고 나중에 그들의 국왕 카롤루스가 로마 황제의 면류관까지 쓴 것이다. 그리고 다른 하나는 그전에 로마에 속했고 하느님의 가호를 받던 스페인이 아랍 무슬림의 땅이 됐을 뿐만 아니라, 바그다드의 아바스 왕조와 대립한 것이다.[1]

이것은 확실히 의미심장했다.

주인이 바뀐 것은 이상한 일이 아니었다. 스페인, 혹은 대서양과 지중해 사이면서 프랑스 남쪽과 모로코 북쪽에 위치한 이베리아반도는 일찍이 여러 차례 주인이 바뀌었다. 몇몇 오래된 민족에 속해 있다가 기원전 19년에 아우구스투스 치하 로마 제국의 한 속주가 되었고 서기

201

[1] 당현종 천보 연간부터 당덕종 정원 연간까지 마조도일과 석두희천의 명성은 일세를 풍미하여 '병세이대사倂世二大士'라 불렸다. 마조도일은 강서에서, 석두희천은 호남에서 활약했다. 그래서 단하천연을 비롯해 불법과 참선을 배우던 이들은 강서와 호남 사이를 왔다갔다했고 그 두 대사를 못 만났으면 무지하다고 보았는데(『송고승전』), 이를 가리켜 이른바 '강호江湖를 다닌다'고 했다. 성운 법사의 『육조단경강화』「서문」을 참고. 한편, 마조도일이 강서에 머문 시기는 742년부터 788년, 석두희천이 호남에 머문 시기는 742년부터 790년이었으며 로마 교황 스테파노 2세가 프랑크인의 국왕 피핀에게 구원을 요청한 것은 751년, 후우마이야 왕조가 스페인에서 독립을 선포한 것은 756년으로 공교롭게도 모두 같은 시기였다.

419년에는 서고트인의 왕국이 되었는데, 각 기간이 400년과 300년이었다.

그다음이 아랍인이었다.

아랍인은 분명 바다를 건너왔을 것이다. 그전에 무아위야가 조직한 함대가 싸우지도 않고 키프로스를 항복시켰기 때문이다. 서기 714년, 아랍인은 스페인의 이슬람 시대를 열고 동방의 선진적인 과학기술과 문화 지식을 그곳에 가져갔다. 그리고 756년, 구사일생으로 도망쳐온 무아위야의 후손이 코르도바를 후우마이야 왕조의 수도로 정하고 그곳을 당시 유럽 최대의 도시로 건설하여 모든 사람을 감탄하게 했다.

실제로 그때의 코르도바는 경관이 비범하여 다른 지역의 무슬림도 모두 그곳이 제국에서 가장 아름다운 도시 중 하나라고 믿었다. 도서관은 장서가 40만 권에 달했고 700곳의 이슬람 사원은 크고 화려했으며 300곳의 공중목욕탕이 곳곳에 분포되어 있었다. 그래서 장안, 콘스탄티노플, 바그다드와 함께 세계 4대 도시라 불릴 만했으며 비잔티움 황제와 유럽 각국의 국왕들도 그곳에 사절을 파견하려 했다.

그곳에서는 중국인이 전해준 종이 제조술이 충분히 활용되어 그리스와 기타 민족의 경전도 바그다드에서처럼 대량으로 번역되었다. 당시 번역가 중 대다수는 유대인이었으며 그 전적들은 우선 그리스어에서 아랍어로 번역되고 다시 스페인어를 통해 로마자로 번역됨으로써 이슬람의 다른 문명의 성과와 함께 유럽으로 전파되었다. 더욱이 시칠리아

스페인 코르도바의 모스크

서기 8세기, 압드 알라흐만 1세는 스페인을 정복하고 옛 로마 신전과 고트식 교회의 유적 위에
이 대형 모스크를 지었다. 훗날 스페인인은 코르도바를 탈환하고 나서 본래 자리에 다시 교회
를 지으려 했지만, 모스크의 건축물이 너무나 아름다워서 기독교 신도인 국왕조차 차마 그것
을 부수지 못했다. 결국 카를 5세의 직접적인 간섭으로 남은 모스크를 보전하게 됨으로써 이슬
람 스타일이 가미된 이 보기 드문 위대한 건축물은 세상에 남을 수 있었다.

도 파티마 왕조의 아랍인에게 통제됨으로써 그로 인해 수백 년 뒤 기독교 신학자 토마스 아퀴나스는 이탈리아 나폴리의 대학 도서관에서 최초로 아랍어판 그리스 고전을 읽게 되었다.[2]

보아하니 새판이 짜인 것은 상당히 좋은 일이었던 것 같다.

게르만의 야만족도 이득을 취했다. 그들은 본래 일자무식에다 거칠기 그지없어서 아예 문명이 무엇인지도 잘 몰랐다. 고대 로마의 역사학자 타키투스의 기록에 따르면 유럽의 그 '오랑캐'는 거의 전쟁을 위해 세상에 태어난 것 같아서 그들에게 농사일을 권하는 것이 그들을 베는 것보다 훨씬 어려웠다고 한다. 평화에는 전혀 흥미가 없던 게르만 무사들은 뭔가를 얻으려면 피를 흘려야지, 땀을 흘려 얻는 것은 허약하고 무능하며 멸시받아 마땅하다고 생각했다. 그들에게는 모래밭을 달려 적진을 돌파하는 것이 무엇보다 영광스럽고 재미나는 일이었다.[3]

세상은 그들의 놀이터였고 전쟁은 그들의 카니발이었다.

하지만 기독교에 귀의한 후로 과거의 야만족은 단정하고 예의 바르게 변하기 시작했다. 그뿐만 아니라 프랑크 왕국은 이슬람 세력을 막는 철벽이 되었으며 게르만인 병사도 점차 기독교의 기사로 변모했다. 그들이 검을 교회의 제단 위에 놓고 국왕이 친히 그것을 몸에 채워주면 교회가 승인한 정당한 이유를 위해 성전을 치를 수 있었다. 용맹한 카롤루스는 심지어 32년간의 원정을 치르고 난 뒤, 패전한 색손인에게 기독교도가 되든가, 아니면 노예로 끌려가 소나 말처럼 일하든가, 둘 204

---

2 이상은 류밍한 주편, 『세계통사·중세권』과 로빈 도악의 『이슬람의 세계제국』, 존 허스트의 『세계에서 가장 짧은 세계사』를 참고했다. 존 허스트의 책은 보기 드물게 훌륭한 역사서다.
3 존 허스트, 『세계에서 가장 짧은 세계사』에서 인용.

중 하나를 택하라고 했다.[4]

색슨인은 전자를 택했고 공평한 대우까지 받게 되었다.

평등은 기독교의 주장이면서 로마 제국의 정책이기도 했다. 그래서 프랑크인의 기독교화는 로마화나 다름없었다. 문화는 변화와 문명화의 동력이기 때문에 역사에서는 정복자가 거꾸로 동화되는 사례가 빈번히 나타나곤 했다. 한족을 정복한 유목 민족이 한화漢化되는가 하면, 아랍 제국을 정복한 몽골인도 이슬람화되었다.

물이 낮은 곳으로 흐르는 것처럼 문화도 그렇다.

의심의 여지 없이 피정복자도 정복자에게 배워서 신선한 피를 수혈받았다. 이것은 "세계는 영원히 변하며 유일하게 변치 않는 것은 변한다는 것 자체다"라는 『주역』의 철학 관념을 실증해준다. 다만 유럽인이 보기에는 스페인의 아가씨도 변하지 않았다. 그녀들은 항상 아름다웠다.

물론 아랍인은 마지막에는 아름다운 스페인을 지키지 못했고 그녀가 기독교에 귀속되는 것을 멀뚱멀뚱 쳐다보고만 있어야 했다. 설상가상으로 코르도바가 적의 수중에 들어간 지 20년 뒤, 바그다드도 몽골군의 공격으로 함락되었다. 그전에 이미 파티마 왕조도 멸망했던 탓에 아랍 제국은 아바스 왕조와 함께 종말을 고했다.

하지만 스페인과 시칠리아를 제외하고 본래 무슬림에 속했던 지역에서는 듣기 좋은 아잔(이슬람교에서 신도들에게 예배 시간을 알리는 리드미컬한 소리) 소리가 계속 울려 퍼졌다. 칭기즈칸의 용맹한 자손들은 아바스 왕

---

4 카롤루스의 색슨인 정복은 서기 772년에 시작돼 804년에 끝났다.

조를 멸한 지 겨우 37년 만에 새로운 칸을 필두로 하여 집단으로 이슬람교에 귀의했다. 더구나 무슬림은 스페인을 잃었을 뿐이었지만 로마인은 본거지를 잃었다. 비잔티움의 수도 콘스탄티노플이 알라에 충성하는 오스만튀르크인에게 함락된 것이다. 그 바람에 황제가 전사하고 로마 제국은 완전히 멸망하고 말았다.[5]

승리한 튀르크인은 두 가지 일을 했다. 첫 번째로 콘스탄티노플을 이슬람의 성, 즉 이스탄불로 개명했다. 그리고 두 번째로는 성 소피아 대성당을 모스크로 개조했고 나중에는 또 돔에 30미터 높이의 금동 초승달을 세움으로써 건축물 전체를 더 웅장하고 엄숙하게 만들었다. 오스만 제국은 유럽, 아시아, 아프리카에 걸쳐 있었고 제국 내의 모스크들이 이를 앞다퉈 모방했기 때문에 그 후로 많은 이가 초승달을 이슬람의 상징으로 잘못 알게 되었다.[6]

초승달이 솟아올랐지만 십자가도 여전히 반짝였다.

실제로 이슬람교가 밖으로 전파될 때 기독교도 가만있지는 않았다. 아바스 왕조가 건립되고 100년 뒤, 불가리아와 보헤미아 그리고 폴란드와 스웨덴이 차례로 선교사의 포교를 받아들였고 슬라브인의 키예프 대공국도 그리스도에 귀의했다. 그래서 코르도바를 회수하기 전, 기독교는 이미 동유럽과 북유럽까지 전파된 상태였다.

사실 오스만튀르크 제국이 수립됐을 때부터 서양의 이른바 '중세'는 끝에 다다랐다. 그 이름은 그 시대가 고대 그리스 로마와 르네상스 사

---

5   칭기즈칸의 손자 훌라구가 몽골군을 이끌고 바그다드를 함락한 것은 1258년(남송 이종 보우 6)이다. 이란, 이라크, 아제르바이잔, 조지아, 아르메니아, 투르크메니스탄을 보유한 일한국의 칸이 장병들을 이끌고 이슬람교에 귀의해 이름을 무함마드로 바꾸고 술탄을 자칭한 것은 1295년(원성종元成宗 정원貞元 원년)이다. 그리고 동로마 제국의 멸망은 1453년, 후우마이야 왕조의 잔여 세력이 완전히 소멸한 것은 1492년이다.

6   이런 오해는 전 세계적으로 퍼져 있다. 일례로 스타브리아노스의 『전 세계 통사』를 보면 서기 7세기부터 8세기까지 무슬림 정복자들이 광대한 지역을 "이슬람교의 성월기 아래 통일했다"고 말한다. 사실 성월기는 튀르크인의 상징이지, 이슬람교의 상징이 아니다.

750년	당 천보天寶 9년	아바스 왕조 건립
756년	당 천보 15년	후우마이야 왕조가 코르도바를 수도로 정함
800년	당 정원貞元 16년	카롤루스가 로마 황제의 면류관을 씀
843년	당 회창會昌 3년	카롤루스 제국이 셋으로 갈라짐
864년	당 함통咸通 5년	기독교가 불가리아에 전파됨
909년	후량 개평開平 3년	파티마 왕조 건립
950년	후량 건우乾祐 3년	기독교가 보헤미아에 전파됨
967년	북송 건덕乾德 5년	기독교가 폴란드에 전파됨
988년	북송 단공端拱 원년	키프로스가 기독교에 귀의함
1008년	북송 대중상부大中祥符 원년	기독교가 스웨덴에서 확립됨
1054년	북송 황우皇祐 6년	동서방 기독교가 분열됨
1096년	북송 소성紹聖 3년	제1차 십자군 원정의 개시
1171년	북송 건도乾道 7년	카이로 파티마 왕조의 멸망
1236년	남송 단평端平 3년	무슬림의 스페인 통치 종결
1258년	남송 보우寶祐 6년	아랍 제국의 종결
1291년	원 지원至元 28년	십자군 원정의 종결
1299년	원 대덕大德 3년	오스만튀르크 제국 건립
1453년	명 경태景泰 4년	콘스탄티노플 함락으로 비잔티움 제국 멸망

양대 제국의 종결

이에 있었던 데에서 연유했다. 그래서 'The Middle Age'의 의미는 '중간의 시대'다. 그러나 중세가 고인 물이나 칠흑 같은 어둠이었다고 생각한다면 그것은 큰 오산이다. 정반대로 광명의 씨앗과 생명의 활력이 그 수백 년 안에 잠재되어 있었다. 단지 사람들이 흔히 그것을 놓치고 또 그 원동력이 어디 있었는지 모를 뿐이다.[7]

원동력은 로마화된 게르만 야만족에게 있었다. 카롤루스 대제가 죽은 지 얼마 안 돼서 그의 제국은 셋으로 나뉘었고 그 세 지역은 훗날 유럽 근대 사상 해방 운동의 발원지, 즉 르네상스의 이탈리아와 종교 개혁의 독일 그리고 계몽운동의 프랑스가 되었다. 이것은 결코 우연이 아닐 것이다. 파시즘이 이탈리아와 독일에서 발생한 것도 희한한 일이 아니며 명예혁명이 영국에서 일어난 것과 북아메리카의 영국 식민지가 미국으로 바뀐 것은 더 말할 필요가 없다.

야만족이 유럽을 탈바꿈시켰다.

실제로 각양각색의 종족으로 이뤄진 그 게르만인이 유럽을 진정한 세계의 한 대륙이 되게 했다. 과거 그리스 로마 시대에 유럽은 그저 아시아의 반도와 곶으로 간주되었다. 그런데 야만족이 문명의 범위를 지중해에서 유럽 전체로 확대했고 유럽 각 민족이 통일된 정체성을 갖고 또 공동의 관념과 메커니즘까지 갖게 만들었다.[8]

유럽 문명은 사실 게르만 문명이다.[9]

혹은 로마화된 게르만 문명이다.

---

7 오스만튀르크 제국은 서기 1299년(원성종 대덕 3)에 건립되었다. 르네상스는 정확한 개시 시점은 없지만 분명 14세기에 시작되었고 이는 오스만튀르크인이 비잔티움 제국을 위협한 것과 연관이 있다.
8 페르낭 브로델은 『문명의 역사』에서 유럽에 관해 서술하면서 맨 처음부터 유럽은 아시아의 한 반도이자 작은 곳이었다고 말했다. 유럽과 기독교에 대한 중세의 의의는 유빈, 『기독교사강』을 참고.

그전의 그리스와 로마는 유럽 문명이라기보다는 지중해 문명이었다. 실제로 로마 제국은 전성기에도 일부 영토만 유럽에 속했고 대부분은 소아시아, 중동, 북아프리카였다. 그랬기 때문에 사람들이 지중해가 로마의 호수라고 말했던 것이다. 따라서 역사상의 이른바 '그리스 로마 세계Graeco-Roman World'는 '지중해 문명권Mediterranean Civilization'이라고 부르는 것이 더 정확하다.

마찬가지로, 혹은 이치대로 말하면 기독교는 지중해를 원심으로 유럽, 아시아, 아프리카로 확산되었고 지중해 문명권을 기독교 문명권으로 바꾸었다. 그런데 아랍인의 부상이 이 과정을 혼란에 빠뜨렸고 게르만인, 튀르크인, 몽골인의 훼방이 한층 더 '환環지중해 지역'에 새판이 짜이도록 압박했다. 그래서 어떤 새로운 판도가 마침내 탄생하여 오늘날의 세계에까지 줄곧 영향을 끼치고 있다.[10]

그러면 그 판도는 무엇이었을까?

9 서양 현대문명의 근원으로서의 현대적 의미의 유럽 문명은 주로 영국인, 프랑스인, 독일인에 의해 서유럽에서 창조되었다. 오늘날 그리스인과 유럽연합이 티격태격하는 것도 역사적 원인이 없다고는 말할 수 없다.

10 존 허스트, 『세계에서 가장 짧은 세계사』를 참고.

지중해

새로운 판도는 '바다를 경계로 한 통치'였다.

 그 바다는 주로 지중해였고 다음에는 흑해와 카스피해였다. 사실 지도를 보면 금세 알 수 있는데, 양대 종교는 거의 처음부터 지중해를 경계로 해 남쪽은 이슬람의 세력 범위였고 북쪽은 기독교의 천하였다. 이후의 전개 과정도 마찬가지였다. 기독교는 북쪽으로 향했고 그러고 나서는 서쪽으로 남북 아메리카까지 전파되었다. 이슬람은 남쪽으로 향한 다음에 서쪽으로 인도반도의 서부와 말레이반도의 남단 그리고 인도네시아로 전파되었다.

 그래서 이베리아반도(스페인)와 소아시아(터키)를 서로 바꿔 가진 것은 아마도 운명일 수밖에 없었다. 이에 흑해도 남북 분계선이 되어 양쪽은 다시는 그 한계를 한 발자국도 넘지 않았다. 유라시아 대륙을 나누는 카스피해는 동서 경계비가 되었다. 동쪽의 광활한 대지는 무슬림

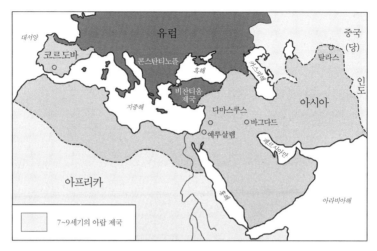

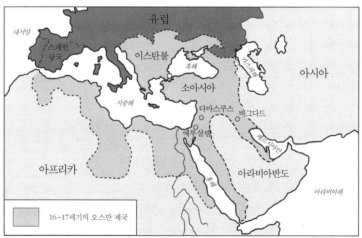

지중해의 '남북조'

에 속했으며 서쪽의 유럽은 동방 정교회, 가톨릭, 개신교가 셋으로 나뉘 가졌다.

새판을 짠 것은 결코 헛수고가 아닌 듯했다.

효과는 확실히 눈에 띄었다. 새판이 짜인 결과, 두각을 나타낸 민족은 양대 종교의 창조자가 아닌, 게르만인과 튀르크인 그리고 페르시아인과 몽골인 등이다. 과거의 그 야만족들은 로마인과 아랍인에게서 바통을 이어받았다. 그리고 바통을 이어받은 것 자체도 의미심장했는데, 더 나아가 세계로 뻗어나가려 했다. 그들이 아니었다면 기독교와 이슬람교는 아마도 세계 종교가 되기 어려웠을 것이다.

이것은 그야말로 '오호五胡의 중국 침입'과 다를 바 없었다.

사실상 그 시기는 지중해의 남북조였다. 다만 그 후에 수와 당이 없었을 뿐이다. 양대 세계 종교는 통일되지도 않았고 통일될 수도 없었다. 서로 같은 기원을 가졌고 심지어 그 기원이 같은 지역에 있었는데도 그랬다.

그 지역은 바로 예루살렘이었다.

예루살렘은 히브리 왕국의 옛 도읍으로 3대 계시 종교의 공통된 성지였다. 그곳에서 예수 그리스도는 수난을 당했고 무함마드는 승천을 했다. 이 일들은 진위를 가리기 어렵지만 기독교도와 무슬림은 추호도 의심하지 않는다. 따라서 예루살렘의 역사적 중요성도 의심의 여지가 없다.

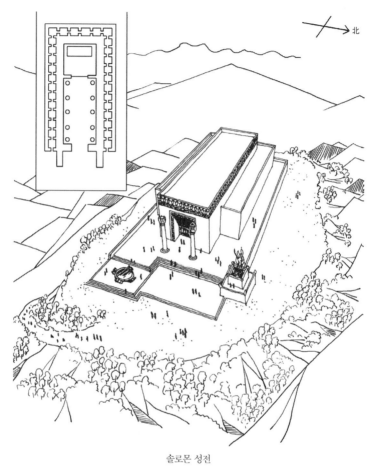

北

솔로몬 성전

이스라엘 왕국 시대에 솔로몬 왕은 예루살렘 모리아산에 첫 번째 성전을 세우고 솔로몬 성전이라 칭했다. 기원전 586년, 신바빌로니아 왕국이 예루살렘을 파괴할 때 이 성전도 파괴되었다. 그리고 페르시아 제국이 신바빌로니아 왕국을 멸한 뒤, 유대인은 예루살렘에 돌아와 성전을 다시 지었다. 이 두 번째 성전은 기원전 515년에 준공되었다. 서기 70년에는 로마 제국의 장군 디도가 예루살렘을 포위, 공격했고 성전은 다시 파괴당해 벽 한 줄만 남았다. 이것을 통곡의 벽이라고 부른다.

사실 예루살렘의 지리적 위치는 대단히 특수했다. 서쪽은 이집트, 동쪽은 메소포타미아, 북쪽은 지중해, 남쪽은 아라비아반도였다. 이집트와 바빌로니아, 이 오래된 두 문명국이 과거에 모두 유대인의 거주지였다는 점은 행운이었지만, 그들이 그곳에서 노예와 죄수였다는 점은 불행이었다. 이런 희귀한 이력에서 역사학자들은 히브리 문명을 설명할 수 있는 아이디어를 찾아냈다. 수난을 많이 당한 민족은 나라를 일으키지는 못해도 종교를 일으킨다는 것이었다.

유대교의 흥기는 흔히 그런 식으로 설명된다.

유감스럽게도 유일신은 어떤 민족이 수난을 많이 당했다고 해서 더 총애하지는 않는 것 같다. 유대인보다도 더 운명이 고달팠던 민족도 헤아릴 수 없이 많았다. 단지 소리 없이 사라져서 우리가 잘 모를 뿐이다. 그러면 수많은 민족이 온데간데없이 사라졌는데, 조국을 잃은 유대인은 어떻게 일신교의 창립자가 됐을까?

이것은 정말 난해한 문제다.

일신론의 출현은 기적이었다. 다신과 범신泛神의 관념은 결코 이상한 게 아니며 그것은 심지어 아이에게서도 심리적 근거를 찾을 수 있다. 아이들은 다 태생적으로 애니미즘의 추종자다. 그들은 꽃이나 풀과 이야기를 나누며 눈앞의 돌멩이를 향해 길을 비키라고 명령한다. 이것은 대단히 소박한 감정이입일 뿐이다. 원시 부족이 거의 예외 없이 다신 숭배를 하는 까닭이 바로 여기에 있다.

우주에 하나의 유일신만 있다고 믿는 것은 상당히 고급 문명에 속한
다. 유일하면 만능이어야 하고 만능이면 무한해야 하며 무한하면 말로
설명할 수 없기 때문이다. 한두 사람이 그런 말로 설명할 수 없는 존재
를 믿게 하는 것은 가능할 수도 있다. 그러나 한 민족이 오랜 세월 철석
같이 믿게 하는 것은 정말로 어렵다. 그래서 유대인의 일신교는 그리스
인의 민주제처럼 인류 문명사의 특수하고 개별적인 사례다.

아마도 진짜 하늘의 계시가 있었는지도 모른다. 아마도 그렇단 말
이다.

그런데 민주제를 세계적 조류가 되게 한 것이 그리스인이 아니었던
것처럼 일신론을 세계 종교로 변모시킨 것도 유대인일 수는 없었다. 이
것은 단지 유대인이 자신들만 하느님의 선택을 받았다는 선민의식으
로 인해 다른 민족을 배척했기 때문만이 아니었다. 진정으로 세계적인
일신교는 강력한 철학적 뒷받침이 있어야 하기 때문이었다.

그 뒷받침을 제공한 것은 그리스인이었다.

그리스인도 특별한 민족이었다. 그들에게 선천적인 예술적 기질과 과
학 정신이 있었던 것 같다. 나아가 대립적으로 보이는 그 양면이 그들
에게서 고도의 통일을 이뤘다. 그래서 유대인이 유일신을 숭배할 때 예
루살렘과 바다를 사이에 두고 마주보고 있는 아테네에서는 또 다른
광경이 펼쳐졌다. 그리스인은 올림포스산의 신들과 연신 눈빛을 주고받
으며 잘 지내면서도 우주 안의 '유일한 것'을 탐색하는 일도 왕성하게

해나갔다.

다만 그 탐색은 과학이라고 불렸다.

과학은, 적어도 그리스인의 과학은 두 가지 원칙이 있었다. 첫째, 진리는 틀림없이 하나다. 둘째, 해답은 대단히 간단하다. 그것은 심지어 수학으로(예컨대 몇 개의 숫자나 하나의 방정식으로) 표현될 만큼 간단하다. 마치 아인슈타인의 상대성 이론처럼 말이다. 간단명료하기 때문에 정확한 것인지도 모른다.

실제로 그들은 그 원칙을 실현했다. 예컨대 우주의 진리와 아름다움은 피타고라스 학파에 의해 '수의 조화'로 표현되었다. 그래서 천체는 모두 열 개, 즉 은하계, 태양, 지구, 달을 비롯해 금성, 목성, 수성, 화성, 토성, 이렇게 다섯 개 행성이었다. 아, 실수로 한 개를 빼먹었다. 숫자를 맞추기 위해 피타고라스는 향후에 찾게 될 '대지구對地球'라는 이름의 천체를 발명했다.[11]

이런 과학은 이미 철학에 매우 근접했고 심지어 종교적이기도 했다. 실제로 그리스인의 과학과 철학은 그들의 종교였고 그들의 이른바 다신교는 사실상 예술이었다. 그들은 또 미래의 일신교를 위해 일찌감치 사상적 준비를 해놓기도 했다. 그것은 바로 세계의 정신적 실체와 우주의 궁극적 진리였다.

정신적 실체를 플라톤은 이데아라고 불렀다. 그는 세계에 먼저 이념이 있고 그다음에 실체가 있으며 실체는 이념에 대한 모방에 불과하다

---

11 피타고라스 학파의 '대지구'에 관해서는 헤겔이 언젠가 다소 풍자적으로 평한 바 있다. "우리는 그들이 도대체 그것을 지구의 반대면이라 생각했는지, 아니면 또 다른 지구라고 생각했는지 확인할 수 없다"고 말이다. 헤겔, 『철학사 강연록』을 참고.

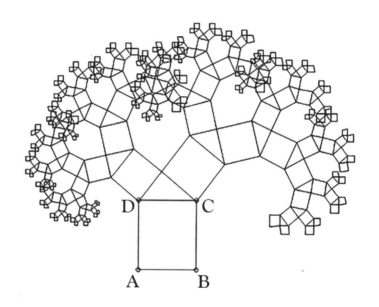

피타고라스 나무

피타고라스 나무는 피타고라스의 정리를 근거로 그린, 무한히 반복되는 도형으로 나무 모양을 닮아 피타고라스 나무라고 불린다. 그림에서 서로 인접한 작은 정사각형의 면적은 역시 인접한 큰 정사각형의 면적과 같다. 그리고 직각삼각형의 두 직각변의 제곱은 빗변의 제곱과 같다. 피타고라스 학파는 숫자를 각종 기하학 도형으로 그려내는 것을 좋아했고 이것을 두고 이른바 "만물은 모두 수다"라고 했다.

고 생각했다. 예를 들어 목수는 탁자의 이데아를 모방해 탁자를 만든다고 했다. 우리 세계도 '거장'(데미우르고스)이 이데아를 모방해 창조한 것으로 보았다.

이런 진리는 역시 신과 대단히 가깝다.

아리스토텔레스의 방법은 원인을 찾는 것이었다. 그가 생각해낸 원인은 네 가지, 즉 질료, 형상, 동력, 목적이었다. 예를 들어 집(목적)을 지으려고 하면 노동(동력)을 통해 진흙(질료)을 벽돌(형상)로 만들어야 한다. 벽돌은 진흙보다 한 단계 위므로 형상이 질료보다 한 단계 위다. 집은 또 벽돌보다 한 단계 위므로 낮은 등급의 형상은 높은 등급에 존재하는 질료이기도 하다. 이렇게 단계마다 똑같이 유추가 가능하다.

이런 식으로 계속 추론해가면 논리적으로 볼 때 가장 높은 형상, 어떠한 질료적 성격도 없는 순수 형상이 존재해야 옳다. 그것은 모든 형상의 형상, 모든 목적의 목적, 모든 동력의 동력이다. 목적으로서 그것은 '최종 목적'이며 동력으로서 그것은 '제1동력'이다. 그렇다면 이런 순수 형상은 무엇이며 또 무엇일 수 있을까?

당연히 신이며 신일 수밖에 없고 나아가 유일한 신이다.

이런 까닭에 아리스토텔레스 철학은 '신학적 목적론'으로 간주되었다. 실제로 이데아든 순수 형상이든 모두 기독교의 하느님과 이슬람교의 알라와 마찬가지로 형상이 없고, 어디에나 존재하고, 무소불위이며 게다가 자연과 속세를 다 초월한다. 다만 전자는 철학이고 후자는 종교 **218**

일 뿐이다.

양자의 합류는 머지않아 실현되었다.

그리스 문명과 히브리 문명을 한 바구니에 담은 것은 로마인이었다. '지중해 문명권'이라는 그 바구니는 더할 나위 없이 컸고 또 지극히 포용적이었다. 그런 포용성은 해양 문명 특유의 것이었고 그래서 마찬가지로 포용적이었던 중국 문명과 완전히 똑같지는 않았다. 적어도 로마 제국은 문화적으로 다원적이었을 뿐만 아니라, 이중 언어를 제도화해 실행했다. 이것은 중국 민족이 갖추지 못한 토양이었다.

그래서 세계성을 갖춘 최초의 일신교가 로마의 궁벽한 지역에서 발생했으며 그 새로운 부분은 알기 쉽고 통속적인 그리스의 '구어문'으로 썼었다. 따라서 바로 지중해가 기독교를 낳아 길러냈다고 말할 수 있다. 하지만 기독교가 국교가 된 것은 로마 제국이 콘스탄티노플로 천도한 뒤였다. 그 숨겨진 비밀을 따져보면, 이 시리즈의 9권 『두 한나라와 두 로마』에서 언급한 바 있는 정치적 요소 외에도 그리스어를 사용한 소아시아가 더 기독교 발전에 적합했다는 것 역시 아마 무시할 수 없는 원인 중 하나일 것이다.[12]

하지만 이렇게 돼서 정치 중심지와 종교 중심지가 나뉘었다. 이것은 훗날 새판이 짜이는 데 복선이 되었다. 이와 동시에 기독교 문명의 영향력이 아라비아반도와 더 가까워지기도 했다. 그래서 강한 바닷바람이 헤자즈의 상업로를 따라 사막까지 불어닥치는 바람에 깊이 잠들어

---

12 유빈, 『기독교사강』은 심지어 그리스어가 '구어문'에서 '문어문'으로 전환된 것이 철학 정신이 종교 정신으로 전환된 것을 나타낸다고 보고 있다. 또한 『신약성경』의 대부분은 그리스 구어문으로 작성되어 민중 지향적인 특성을 보여준다.

있던 또 하나의 씨앗이 조용히 눈을 떴다. 이에 따라 지중해 문명권은 장차 새로운 세력에 의해 분열되고 한 바구니가 두 바구니로 변하게 되었다.

그 세력은 바로 이슬람이었다.

세계로 향하다

무슬림은 "알라후 아크바르!"라고 소리치며 용감하게 전진했다. 반도에서, 지중해에서, 세계 각지에서 똑같이 그랬다.

그것은 아랍어였고 "알라는 위대하시다!"라는 뜻이었다.

알라는 확실히 위대했고 이슬람교의 발전도 눈부시게 빨랐다. 유대교는 지금까지도 민족 종교이고 기독교는 예수 사후에도 오랫동안 고전을 면치 못했지만 무함마드는 살아생전에 대업을 성취했고 죽은 뒤에는 교세가 더욱 나날이 번창했다. 메디나의 움마부터 칼리파 국가에 이르기까지 겨우 10년밖에 안 걸렸고 당시 역사상 최대의 국가가 되기까지는 100년도 안 걸렸다. 이런 놀라운 속도는 진나라와 로마 제국도 미치지 못할 정도였다.

하물며 전성기 이슬람 제국의 광대함과 강력함 그리고 문화의 선진성과 깊은 영향력은 거의 누구도 따라올 수 없었다. 알렉산더와 로마

221

제국은 지중해를 호수로 만들었을 뿐이지만 무슬림은 거기에 인도양을 덧붙였다. 서쪽의 오만, 예멘, 소말리아부터 동쪽의 말레이반도와 인도네시아에 이르기까지, 그리고 아라비아해와 벵골만까지 전부 이슬람의 깃발 아래에 놓였다.

그 결과로 어떻게 됐을까? 콜럼버스가 신대륙을 발견하게 했다. 사실 그 항해가들의 맨 처음 생각은 무슬림의 해상 통제 구역을 우회해따로 인도로 통하는 지름길을 개척하는 것이었다. 이로부터 당시 이슬람이 얼마나 강력했는지 알 수 있다.[13] 그 강력함이 얼마나 대단했던지 인도와 로마의 두 가지 발명품이 각기 '아라비아 숫자'와 '터키탕'으로 잘못 불리게 됐다.[14]

아라비아 숫자의 변화

---

13 이에 대해 로빈 도약의 『이슬람의 세계제국』에서는 말하길, 632년부터 1258년 사이에는 이슬람 제국이 세계에서 가장 강대한 국가로서 가장 선진적인 문화를 보유했다고 한다. 건립 후 100년도 안 되는 기간에 그것은 사막의 한 부락에서 느슨한 연맹을 결성하고 나아가 세계 역사상 가장 큰 제국으로 성장했다. 그 전 세계적인 세력 범위는 어떠한 고대 제국도 비견되지 못할 만큼 광대했다. 스타브리아노스의 『전 세계 통사』에서도 초기의 확장과 후기의 확장 단계에서 무슬림이 지중해와 인도양을 차례로 자신들의 호수로 만들었다고 말한다.

이것은 무슬림이 보기에는 당연히 알라의 위대함을 증명했고 또 그 위대함은 알라의 지극한 자비, 아랍어로는 '라흐만'과 '라힘'이었다. 이 두 단어는 알라의 99가지 아름다운 별명 중 수위에 해당한다. 바로 이 인자함 때문에 이슬람교에 귀의하는 사람들이 갈수록 늘어났다.

과연 정말로 그랬을까?

그랬던 것으로 보인다. 많은 사람이 생각하는 것과는 정반대로 이슬람교는 결코 전쟁을 통해 전파되지 않았고 혹은 적어도 전쟁을 주된 전파 수단으로 삼지는 않았다. 분명 전쟁이 있었고 먼저 싸움을 건 전쟁의 숫자가 많기도 했다. 그러나 종교적 기반이 아직 불안했던 초창기를 제외하고는 거의 종교 신앙 때문이 아니라, 영토 갈등과 경제적 수요 때문에 전쟁을 일으켰다. 이 두 가지 목적만 달성하면 아랍인은 피정복자가 무슨 종교를 믿는지는 신경 쓰지 않았다. 카롤루스처럼 기독교에 귀의할지, 노예가 되거나 죽을지 양자택일하게 하지는 않았으며 그런 일이 있었다 하더라도 아주 극소수였다.[15]

이에 관용적인 정책이 베풀어졌다. 우선은 "경전을 가진" 유대인과 기독교도에게 베풀어졌고 그다음에는 조로아스터교를 믿는 페르시아인에게까지 확대되었다. 그들은 완전한 종교의 자유를 누리도록 허락받았고 병역도 면제되었다. 뒤따르는 조건은 단지 제국의 권위에 도전하지 않고 분수를 지키며 인두세와 재산세를 납부하는 것뿐이었다.

223　이를 통해 아랍 정복자들은 크게 인심을 얻었다.

14　페르낭 브로델의 『문명의 역사』에서는 터키탕이 실제로는 고대 로마 목욕탕의 잔존 문화로서 아랍 정복자들이 그 목욕 방식을 페르시아와 다른 지역에 전파한 것이라고 말한다.

15　진이주 주편, 『이슬람교 문화 150문제』를 참고.

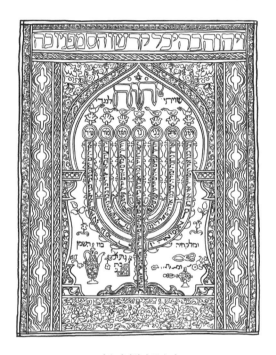

관용적이었던 무슬림

이 그림은 모로코에서 사용된 유대교의 시문판詩文板이다. 신도들에게 신의 존재를 일깨우는 용도로 쓰였으며 보통 유대교 회당의 동쪽 벽에 걸렸다. 약간의 제한이 있기는 했어도 이슬람 제국에서는 유대인과 기독교도가 계속 자신들의 일신교를 믿을 수 있었다. 그들은 '경전을 가진 자들'이라 불렸다.

사실 칼리파와 그의 통치 집단은 다른 민족이 이슬람교에 귀의하는 것을 별로 환영하지 않았다. 그들이 보기에 선지자가 얻은 하늘의 계시는 본래 고귀한 아랍인에게만 속하기 때문이었다. 그것은 통치자의 종교였고 그래서 알라를 믿는 것은 마땅히 아랍 귀족과 무사들의 특권이어야 했다. 이에 대해 선지자는 분명히 말한 바 있다. 모든 무슬림은 서로 형제라고 말이다. 그렇다면 어떻게 아랍인이 아닌 형제가 있을 수 있단 말인가?[16]

더구나 무슬림이 되면 좋은 점이 있었다. 세금이 면제될 뿐만 아니라 당당하게 성전聖戰에 참가할 수도 있었다. 아랍 제국에서 군인은 누구나 선망하는 직업이었다. 큰 공을 세우면 많은 대가를 받았고 영광스러운 희생자가 되면 천국에 갈 수 있었다. 그러니 다른 사람이 섞여들게 내버려두면 각자에게 돌아가는 파이의 크기가 줄어들고 천국도 비좁아지지 않겠는가?

관용의 배후에는 이런 갖가지 계산이 숨어 있었다.

하지만 애석하게도 새로 귀의하는 원주민의 숫자는 갈수록 늘어났다. 그들은 '마왈리'라 불렸고 아랍인 무슬림과 똑같은 일을 해도 다른 보수를 받았다. 한마디로 세금은 많고 수입은 적었다. 이는 강한 불만을 사서 제국의 왕조 교체를 초래했다. 그래서 새 왕조는 서둘러 정책을 조정하여, 귀의를 해도 제한을 받지 않고 모든 이가 민족 구분 없이 **225** 똑같은 토지세를 내게 했다. 어쨌든 종교 신앙이 없어도 재정 수입이

---

16 진이주 주편, 『이슬람교』와 스타브리아노스, 『전 세계 통사』와 존 허스트, 『세계에서 가장 짧은 세계사』를 참고.

없으면 안 되는 것은 어느 국가든 마찬가지였다.[17]

하지만 관용은 일종의 정신으로 확고히 수립되었다.

관용은 선지자의 현명함과 로마의 전통 그리고 기독교의 교훈에서 비롯되었다. 과거에 무함마드는 군대를 이끌고 메카에 입성할 때 거의 피를 안 흘렸고 복수도 하지 않았다. 메카의 귀족과 주민들이 순순히 무리 지어 새 종교에 귀의해오자 너그럽게 그들을 받아들이기도 했다. 비록 그전에 무슬림의 군대가 반도를 휩쓸었고 무함마드의 성공도 맨 처음에는 전장에서 이뤄지기는 했지만 말이다.

단지 그것은 '지하드'로 불려야 할 것이다.

지하드는 보통 성전으로 이해되곤 하는데 사실은 그렇지 않다. 이 아랍어 단어의 본래 의미는 '분투'다. 이슬람교에서 쓰일 때는 "알라의 진리를 위해 분투하는 것"을 뜻하며 전쟁을 포함하기는 하지만 특별히 전쟁만을 가리키지는 않는다. 하물며 알라를 위해 싸우는 것은 '작은 지하드'일 뿐이며 알라를 기쁘게 하는 것이야말로 '큰 지하드'다. 예를 들면 살람(평화)이 그것이다. 누구든 전쟁을 피하기 어려울지라도 적절한 시기에 칼을 내려놓는 것을 뜻한다.

그래서 아랍인은 온화한 정복자였다고 할 만하다. 그들은 확장을 했어도 파괴는 하지 않았고 점령을 했어도 박해는 하지 않았다. 그들의 통치는 비잔티움 제국과 페르시아 사산 왕조의 가혹한 통치보다는 견딜 만했으며 그 결과, 많은 지역의 기독교도가 무슬림 군대가 왔을 때

---

17   로빈 도악, 『이슬람의 세계제국』과 스타브리아노스, 『전 세계 통사』와 존 허스트, 『세계에서 가장 짧은 세계사』를 참고.

저항을 포기했다. 그들은 이슬람 치하 시리아의 기독교 형제들이 자신들보다 더 잘 지낸다는 것을 진작부터 알고 있었기 때문이다.[18]

이것이 바로 교훈이었다.

교훈은 사람을 성숙하게 한다. 이슬람교가 왕성하게 발전할 수 있었던 것은 대부분 기독교가 이미 선례를 남겨놓았기 때문이었다. 우리는 이슬람교의 근원이 기독교와 마찬가지로 유대교라는 것을 알고 있다. 그런데 유대교는 엄격하면서도 고귀했다. 고귀하기 때문에 엄격했고 또 엄격하기 때문에 고귀했다. 유대교는 신도들의 생활에 수많은 규정을 가했는데, 그 번잡한 명목의 규칙과 계율들은 오직 하나의 목적만을 갖고 있었다. 그것은 바로 민족과 신앙의 순결성을 보전하는 것이었다.[19]

그런 고귀함과 순결성으로 인해 유대인은 지중해 문명권 안에서 별종이 되었다. 이와 비교해서 종교를 예술로 삼은 그리스인은 결코 고상한 척하지 않았다. 재미나고 즐겁기만 하면 풍속을 해쳐도 상관하지 않았다. 비유하자면 유대인은 불교의 율사 같았고 그리스인은 선사와 다소 비슷했다.

그리스 문명을 추종한 로마인도 마찬가지였다.

그래서 기독교는 유대교의 한 분파로 독립하고 특히나 많은 외지인이 귀의했을 때 한 가지 난제에 봉착했다. 그것은 유대교의 규정을 고스란히 이어받느냐 마느냐였다. 예를 들면 새로운 신도에게 할례를 행

227

---

18 진이주 주편, 『이슬람교 문화 150문제』와 미국 타임라이프 북스, 『타임라이프 세계사』 제7권을 참고.

19 유대교는 크게 두 가지 특징이 있었다. 그것은 강한 폐쇄성과 도덕성이었다. 그들이 가장 중시한 모세의 십계명은 사실 도덕 강령이었고 삶의 세칙은 더더욱 복잡하기 그지없었다. 일상생활부터 인간 관계까지 명확한 요구와 계율이 존재했다. 예를 들면 떡을 먹을 때 칼로 자르면 안 되고 손으로 떼내야 한다는 것 등이었다. 유대인은 가장 규칙을 잘 지키는 사람들이라고 할 수 있었다. 그렇지 않으면 하느님의 선민이 될 수 없었다.

해야만 하는 것인가? 유대인에게 그것은 당연한 일이었다. 그것은 하느님과의 언약에 대한 증거이기 때문이었다. 더구나 유대인의 생각은 우리와는 달랐다. 희소할수록 귀하다는 관점을 갖고 있었다. 유대교가 세계 종교가 못 된 것은 우리가 보기에는 아쉬운 일이지만 그들은 아마 자랑스러워할 것이다.[20]

그러나 혁신하기로 마음먹은 기독교는 그렇게 문제를 생각할 수는 없었다. 정반대로 새로운 종교는 신앙 체계, 신도 유입, 생활 방식의 세 가지 측면에서 모두 '형님'과는 선을 명확히 그어야 했다. 마지막으로 우위를 점한 의견은, 그리스도의 희생과 사랑이 이미 그들을 계율에서 해방시켰다는 것이었다. 하느님과의 계약에 관한 기술적인 문제도 그리 어렵지 않게 해결되었다. 누구든 세례만 받으면 성년이 된 남자가 그 참기 어려운 할례를 받는 것을 대체할 수 있었다.[21]

관용적이어야 세력이 커지고 개혁을 해야 미래가 있다는 것이 결론이었다.

그렇게 기독교는 세계로 향하는 중요한 한 발을 내디뎠다. 하지만 다시 이단과 정통의 오랜 분쟁에 휘말려들었다. 앞에서 서술한 것처럼 예수가 단성이냐 양성이냐 같은 논쟁은 제국과 교회를 모두 진흙탕으로 끌어들였다. 그 결과, 기독교 문명권의 방비가 허술해져 아랍의 무슬림이 침입해왔고 이단 교파가 적진 앞에서 배신을 했으며 서방과 동방이 분열돼 각자 제 갈 길을 가게 되었다.

228

---

20 『구약성경』「창세기」에 따르면 하느님은 아브라함에게 "너희는 모두 할례를 받아라. 이것은 나와 너희의 언약에 대한 증거다. 나의 언약이 너희의 살에 새겨진 것이니라"라고 말했다고 한다.
21 「사도행전」 15장 19~20절을 참고.

이슬람교는 훨씬 단순했다. 우선 그들은 무함마드가 인간이지 신이 아니며 신의 아들도 아니라고 명확히 선포했기 때문에 논쟁할 게 없었다. 그다음으로 그들은 선민의식도 없었고 알라의 보편적인 자비, 즉 라흐만과 라힘으로 그것을 대신했다. 라힘은 내세에 무슬림 중 신앙이 굳건했던 자와 생전에 선을 행한 자에게 특별히 내려지는 은혜였고 라흐만은 지금 세상의 모든 사람에게 보편적으로 주어지는 자애였다. 보편적인 자애는 공평무사했으며 특별한 은혜는 상벌이 분명했다. 특수성도 있고 보편성도 있는 데다 단순명료했다.[22]

단순한 것이 가장 진리에 가까우며 가장 실천하기 쉽기도 하다. 그리스의 과학과 중국의 선종은 모두 단순함의 덕을 입었다. 하지만 불교, 기독교, 이슬람교가 세계 종교가 되고 중국 문명이 세계적인 문명이 된 것은 그리 단순하지 않았다. 적어도 정치와의 관계는 꽤 곤란한 문제였다.

229

---

22 그래서 중국 무슬림의 전문 용어 중에서 알라의 별명인 라흐만은 '지금 세상에 널리 자비를 주시는 주님普慈今世的主', 라힘은 '내세에 특별히 자비를 주시는 주님獨慈後世的主'으로 번역된다.

왕권과 교권

정치와의 관계가 가장 깊었던 것은 기독교였다.

유대교는 이런 문제가 없었다. 무엇보다도 유대인은 일찌감치 조국을 잃었기 때문이다. 나라도 없는데 무슨 왕권과 교권의 다툼이 있었겠는가? 그다음으로 유대인은 교회도 없어서 정권에 대항할 세력을 형성하지 못했다. 그래서 그들은 로마인이 보기에 영리하고 괴팍하며 잘 뭉치는 것 같기는 했지만 동시에 용모를 알아보기 쉽고 분수도 잘 지켜서 제국의 입장에서는 마음을 놓을 수 있었다.

기독교는 달랐다. 그들은 처음부터 민족의 경계를 넘어 신앙으로 정체성을 구현했다. 결국 누구나 기독교도가 될 수 있었고 어디에나 기독교도가 있을 수 있었다. 중요한 것은 그들이 또 자체 조직이 있는 데다 교회의 호소력이 정부에 못지않다는 것이었다. 그 기독교도들은 심지어 격투장에 던져져 사자 밥이 될지언정 제국을 위해 병사가 되려 하

지는 않았다.[23]

로마는 진압에 나서야 했다. 그들이 전체적으로 관용적이긴 했지만 어쩔 수 없었다.

물론 제국과 교회는 결국 손을 잡았다. 전자는 일신교가 사실 자신의 통치에 유리하다는 것을 깨달았고 후자는 '정의로운 전쟁'을 지지한다고 표명했다. 하지만 애석하게도 기독교는 마지막 생명줄이 아니었고 교회라는 살찐 고양이는 더더욱 사육 가능한 애완동물이 아니었다. 그래서 손을 잡은 것이 양쪽의 권력 증대를 적잖이 촉진하기는 했지만 길지도 짧지도 않은 밀월기가 지나고 나서는 자체적인 재정 수입, 법률과 법규, 행정 체계, 많은 민중을 보유한 교회가 제국과 대등해져 이름도 적절하게 '교황청'이라 불리기 시작했다.[24]

그 후로 중국의 용어를 빌리면 '교정敎廷'과 조정의 옥신각신이 심지어 공개적인 반목으로까지 이어졌고 음흉한 봉건 영주와 크고 작은 자유 도시들은 기회주의자처럼 어느 쪽이든 유리한 쪽으로 붙었다. 그러나 싸움은 어느 한쪽이 압도적이었던 적은 없었으며 교정과 조정은 모두 조심하며 한계선은 지켰다. 즉, 교황은 자기가 황제라고 말하지 않았고 제왕도 교황을 자처하지는 않았다.

물론 이런 질투와 다툼은 유럽에서만 일어났다. 콘스탄티노플은 총대주교를 황제가 직접 파견해 통제하는 것이 규칙이었다. 비잔티움이 나중에 이슬람의 세력 범위로 변하여 다시는 기독교 쪽으로 돌아오지

231

---

23 존 허스트는 『세계에서 가장 짧은 세계사』에서 말하길, 로마인이 보기에 유대인은 괴팍하고 변덕스럽긴 하지만 용모를 알아보기 쉬운 오래된 민족이었고 그래서 제국으로서는 기독교도만큼 경계하지는 않았다고 한다.
24 무기 제작에 정통했던 르네상스 시기의 예술가 벤베누토 첼리니는 언젠가 전투 중에 죽을 준비가 안 돼 있는 적을 찔러 죽였다. 그가 교황 앞에서 무릎을 꿇고 사면을 청했을 때, 교황은 매우 기뻐하며 "오, 자네를 용서하네. 자네가 교회를 위해 저지른 살인죄를 용서하네"라고 말했다. 존 허스트, 『세계에서 가장 짧은 세계사』를 참고.

못한 것이 그 원인 중 하나였을 것이다.[25]

종교개혁 이전의 역사는 대체로 이러했다.

그런데 로마 제국의 그 '실수'로 인해 서양은 큰 이득을 취했다. 왕권과 교권의 다툼은 왕실과 교황청 바깥의 각종 집단과 세력들로 하여금 어부지리를 취하게 했다. 종교개혁이 독일에서 순조롭게 진행된 것도 그 틈을 파고든 덕분이었다. 또 그래서 도시 경제와 시민 계급과 자본주의와 서양 현대문명이 생겼지만 그것은 나중에 할 이야기다.

아랍 제국의 상황은 완전히 달랐다.

우선, 이슬람교가 발흥하기 전에 아랍인은 나라가 없었다. 다시 말해 그들은 먼저 종교를 세운 뒤 나라를 세웠다. 그리고 선지자 무함마드는 종교적 리더이면서 정치적 리더였다. 종교의 창시자인 동시에 제국의 창립자였던 것이다. 그 후의 아랍 제국도 모두 정교합일이었다. 아바스 왕조의 와지르(재상)는 행정 권력의 대리자일 뿐이었다. 술탄이 실질적인 통치자이자 가상의 칼리파가 됐을 때 제국은 튀르크인의 것이 되었다.

그다음으로, 무함마드는 마지막 선지자였다. 그 후의 칼리파들은 모두 유지를 이어받았을 뿐 다시는 하늘의 계시를 받지 못했다. 이는 누구라도 '인간과 신의 중개자'로서 신격화될 가능성을 이론적으로 영구히 배제한 것이었다. 모든 무슬림은 알라의 명령을 듣고 알라의 뜻에 따를 뿐이었다. 그들의 생각과 행동을 인도할 수 있는 사람이 있다고 232

---

25 이상은 존 허스트, 『세계에서 가장 짧은 세계사』를 참고.

한다면 그 사람은 이미 죽은 마지막 선지자뿐이었다.

이것이 이슬람교와 기독교의 또 다른 중요한 차이를 낳았다. 이슬람교는 성직자 계급도, 교리 기구도, 교회 조직도 없었다. 물론 이슬람교도 '울라마', 즉 법학자와 신학자는 있었다. 하지만 그들은 정통 관념과 사회 준칙의 수호자일 뿐이었지, 일반 무슬림의 생활에 직접 관여하는 권력과 수단은 갖지 못했다. 더욱이 그들의 조직도 국가가 관리했다.[26]

그래서 아랍 제국에는 상부 구조를 전복할 만한 기층 세력이 없었다. 그것은 초창기에 이미 정해졌다. 이슬람교는 메디나의 움마에서 세워지고 바로 위에서 아래로 전파되었다. 기독교처럼 먼저 기층에서 발효되고 나서 아래에서 위로 권력을 탈취하지 않았기 때문에 이원적인 구조가 나타날 일이 없었다.

이 점은 중국과 견줘볼 만하다.

아랍 제국과 마찬가지로 중국은 이제껏 교권과 왕권이 대등하게 병존한 적이 없다. 특이 사항이 있다면, 중국은 동한 말부터 종교의 이름으로 호소하는 반정부 무장투쟁이 일어났다. 다만 황건黃巾의 난부터 태평천국太平天國까지 그들이 노린 것은 교권이 아니라 정권이었다.

사실 중국인은 줄곧 교권이 뭔지도, 교회가 뭔지도 몰랐다. 조직이 있어도 방파幫派(파벌, 집단)지 교파가 아니었고 리더가 있어도 방주지 교주는 아니었으며 규칙이 있어도 방규지 교규는 아니었다. 종교의 기치를 들고 있는데도 그랬다. 마찬가지로 중국의 황제도 간혹 종교에 귀의

---

26 진이주 주편, 『이슬람교 문화 150문제』를 참고.

하는 경우가 있기는 했지만, 어떤 승려나 도사가 감히 교황을 자처했다면 틀림없이 뚜껑이 열렸을 것이다.

더구나 중국의 황제는 스스로 불교나 도교의 제자라 칭하더라도 역시 천하제일의 대제자였고 심지어 석가모니나 천존天尊의 현신으로 여겨졌다. 득도한 고승과 신선이 됐다는 도사조차 예를 올리고 찬송해야 했는데 어떻게 그를 동등하게 대할 수 있었겠는가? 하물며 대부분의 황제는 역시 공자의 충실한 제자였기 때문에 불교와 도교는 옆에서 역성이나 들다가 혹시 콩고물이라도 떨어지면 감지덕지해야 할 처지였다.

유가, 불교, 도교가 그렇게 오래 혼전을 벌이고 합류 또는 병존을 했는데도 계속 유가가 우위를 차지할 만도 했다. 바로 유학이 종교가 아니고 유생은 성직자 계급이 아니며 교회 조직도 없는 데다 영원히 그런 게 생길 리도 없었기 때문이다. 나아가 그들이 적대 세력으로 변하거나 정토종의 깃발을 든 백련교白蓮敎처럼 통치자를 긴장시킬 일은 더더욱 없었다.

이 점은 이슬람과 다소 비슷했다.

이슬람교와 유가 사상은 유사한 점이 적지 않았다. 둘 다 국가 이데올로기였고, 부족민이나 신민이 어려서부터 받아야 하는 교육이었고, 도덕적 수양과 도덕적 정서를 중시했고, 사람들의 일상생활과 행동거지를 총체적으로 규제하면서 남을 선의로 돕고 부모를 공경해야 한다고 주장했다. 선지자는 심지어 자기가 받은 하늘의 계시를 전달하길, "나(알라)는 모든 인간에게 명하여 부모를 공경하라 했거늘, 그의 어머니는 태아를 갖고 2년간 젖을 먹이면서 허약해진다. 내게 감사하고서 네 부모에게 감사하라"라고 했다.[27]

부모를 공경하는 것이 거의 알라를 믿는 것에 버금갔다.

선지자는 대단히 실제적이었다. 그는 현묘하고 이해하기 힘든 교리나 완수하기 힘든 목표를 제시하지 않았다. 모든 훈시와 깨우침은 알아듣기 쉬웠으며 모든 종교적 의무도 단순하고 실천하기 쉬웠다. 이 점은 유가뿐만 아니라 선종과도 비슷했다. 바꿔 말해 이슬람교와 유가 사상은 다 실천 이성을 기반으로 하는 세속과 인간 세상의 것이었다.

이런 까닭에 이슬람교는 종교 신앙이고 이데올로기였을 뿐만 아니라, 생활 방식과 사회 제도였다. 또 이런 까닭에 이슬람교의 유지와 발전은 단지 스스로의 메커니즘에 의지해 실현되었고 왕조 교체에 따른 영향은 전혀 받지 않았다. 그야말로 장기적인 안정이 보장되었던 것이다.[28]

그렇다면 혹시 이슬람교가 한발 앞서 중국에 전해졌다면 역시 불교처럼 중국화되고 중국 문명의 방향을 바꾸었을까? 그랬을 리는 없다. 유학과 너무 비슷하기 때문이다. 너무 비슷하면 상호 보완의 가능성도 없고 굳이 중복할 필요도 없다. 더구나 이슬람교는 지극히 믿음이 강한 종교였다. 전성기에 그들이 보여준 관용도 그저 다른 민족이 하고 싶은 대로 하게 허락해준 것뿐이었지, 자신들의 원칙을 포기하고 다른

235

---

27 『코란』 31장 14절을 참고.
28 진이주 주편, 『이슬람교 문화 150문제』를 참고.

문명과 타협하거나 융합한 것은 아니었다. 이것은 모든 일신교의 공통된 특징이기도 하다.[29]

중국화될 수 있었던 것은 불교뿐이었다.

그런데 불교는 별종이었다. 세계 3대 종교 중 가장 오래된 종교로서 불교는 본래 탄생하지 말아야 할 곳에서 탄생했다. 인도의 주류 이데올로기는 카스트 관념인데 불교는 중생의 평등을 주장했기 때문이다. 그래서 세속 권력(예를 들면 마우리아 왕조)이 지지해줄 때 한 시대를 풍미하긴 했지만, 정치 사회적인 변화가 일어나고 새로운 종교(힌두교와 이슬람교)가 강세를 보이자 불교는 본토에서 입지를 잃고 외부에서 생존을 도모할 수밖에 없었다.[30]

고향에서 쫓겨난 불교는 유대교와는 다른 길을 택했으며 그것도 이상한 일은 아니었다. 유대교는 민족 종교이자 유대 민족의 유일한 종교였다. 종교가 있어야 민족이 보존되고 종교를 지키는 것이 민족을 지키는 것이었다. 그래서 유대인은 세계 각지로 흩어졌는데도 완강히 유대교의 순결성을 지켰다. 그래야만 유대인의 독립성을 지키고 세계 민족들 사이에서 자립할 수 있었기 때문이다.

반면에 불교는 민족 보존의 사명이 없었고 그래서 인도 문명과의 일체성을 유지할 필요도 전혀 없었다. 더욱이 인도에는 통일된 민족도 없었으며 그 문명은 다양하고 다원적이며 다민족적이었다. 그러므로 불교는 기본 원칙을 유지하면서 현지의 토양에 적응하는 방법을 강구했

236

---

29 회족은 특별한 예이므로 여기서는 논의하지 않기로 한다.

30 카스트 제도는 아리아인의 인도 침입 이후의 베다 시대(기원전 1500~기원전 700)에 발생했고 불교는 기원전 6세기부터 기원전 5세기 사이에 탄생해서 마우리아 왕조 시기(기원전 324~기원전 187)에 번성했다. 서기 8~9세기 이후에는 힌두교가 번성했고 불교는 나날이 쇠퇴했다. 여기에 이슬람교의 대규모 전파까지 겹쳐 결국 13세기 초에 완전히 쇠망의 길로 접어들었다. 불교의 아시아 전파는 보통 두 노선 또는 세 노선으로 이뤄졌다고 여겨진다. 한 노선은 스리랑카에서 미얀마, 태국, 라오스, 캄보디아로 들어간 남전南傳이고 다른 노선은 파미르고원을 통해 중국으로 들어간 뒤 한국, 일본, 베

다. 그것은 실제로 현명한 선택이었다. 새로 맺은 과실에 유전자 변이가 일어나더라도 어쨌든 성과는 풍성했다.

그 예가 선종이다.

트남으로 전해진 북전北傳이다. 마지막 노선은 티베트에서 스스로 체계를 이룬 장전藏傳이다.

좋은 기회를 놓치다

선종이 중국에서 탄생한 것은 본래 대단히 이상한 일이다. 선종이 명백한 '메이드 인 차이나'라고 아무리 사람들이 강조해도 그것이 불교의 한 종파라는 것은 부인할 수 없기 때문이다. 어쨌든 불교에 속하므로 선종은 인도 문명과의 관계에서 벗어날 수 없다. 그런데 인도 문명과 중국 문명은 정말로 거리가 멀다.

잠시 인도에 관해 살펴보자.

이른바 인도 문명은 기원전 1400년 이후 아리아인에 의해 창조되었다. 그들은 투르키스탄(지금의 카자흐스탄 남부에 위치한 침켄트주)에서 왔으며 그들이 낳은 문명의 성과는 '베다'라고 불렸다. 베다의 뜻은 '신성한 지식'이다. 그래서 그들이 운영한 카스트 제도는 신성한 지식을 관장하는 성직자들인 브라만을 첫 번째 계급으로 삼았다.[31]

그런데 인도에도 교황은 없었다.

238

---

31 베다의 본래 뜻에 관해서는 페르낭 브로델, 『문명의 역사』를 참고.

그 원인은 복잡하다고 하면 복잡하고 또 단순하다고 하면 단순하다. 우선, 인도의 브라만은 중국 동진의 사족과 비슷했다. 사회적 지위는 높았지만 조직이 없었고 집단이 아니어서 당연히 리더도 없었다. 그다음으로, 종교는 인도에서 번갈아가며 주도권을 잡았다. 브라만교, 불교, 힌두교와 이슬람교가 모두 한때 주류 이데올로기가 되었으며 자이나교와 시크교도 세력이 작지 않았다. 마지막으로 고대 인도는 여러 차례 외적의 침입을 받았는데, 침략자 중 누구는 약탈만 하고서 떠났고 누구는 인도 문화를 존중해줬으며 누구는 자신의 종교를 가져왔다. 이런 상황에서 만약 교황이 필요했다면 과연 누구를 뽑아야 했겠는가?

실제로 인도반도는 혼란한 땅이었다. 영국인이 식민 통치를 하기 전까지 그곳은 진정으로 통일된 적이 거의 없었고 분열과 단절이 일상적으로 일어났다. 사실 인도는 면적이 너무 넓고 인구가 너무 많으며 문화도 너무 다원적인 한편, 세력은 또 너무 분산돼 있어서 중국이나 로마 같은 대제국을 형성할 수가 없었다.[32]

통일 제국이 없었으니 통일된 사상도, 통일된 종교도 불필요했고 당연히 교황은 더더욱 불필요했다. 그래서 평안한 날이 없었던 인도는 부득이 '종교 박물관'으로 변했으며 역시 관장도 없었다.

이런 역사적 사실은 이해하기 어렵지 않다. 다만 이상한 것은, 인도에 그렇게 종교가 많고 인도인도 종교 감정이 풍부했는데 오직 불교만 세계로 나가고 힌두교, 자이나교, 시크교는 자국 내에 머물렀다는 점이

---

32 페르낭 브로델, 『문명의 역사』를 참고.

다. 이것은 또 왜 그랬을까?

불교가 별종이어서 그랬다고밖에 말할 수 없다.

불교는 일찌감치 외국으로 나갔다. 그것도 국비로 파견되었다. 중국의 한비자가 법가의 학설을 펴고 있을 때, 아소카왕은 고승들을 각지로 보내 불법을 알리게 했다. 그들의 발걸음은 동쪽으로는 미얀마까지, 남쪽으로는 스리랑카까지, 그리고 서쪽으로는 심지어 시리아, 이집트, 그리스까지 닿았다.[33]

아소카왕이 무슨 생각으로 그랬는지는 정확히 알기 어렵다. 아마도 좋은 것은 다른 사람과 공유해야 한다고 생각한 것 같다. 더 많은 이가 부처의 빛 아래에서 해탈을 얻게 하는 것은 의심의 여지 없이 공덕이 무한한 동시에 보살의 마음을 구현하는 일이었다.

하지만 나중에 생긴 힌두교는 그런 일에는 흥미가 없었다. 그들은 유대교처럼 자신들의 민족성을, 심지어 계급성을 유지하는 것을 더 바랐다. 이 새로운 '종합체'는 불교와 자이나교의 일부 교리를 흡수하기는 했지만 본질적으로 브라만에 속했다. 세 명의 위대한 신, 즉 브라흐마, 비슈누, 시바가 각기 세계의 창조자, 보호자, 파괴자로 최상층에서 공존하며 수많은 신을 파생시켰다.

이것은 인도의 상황에 부합했다. 신들의 등급화는 카스트 제도에, 다신 숭배는 다원적인 문화에 부합하여 금세 우위를 점했다. 조국으로 못 돌아가게 된 불교는 어쩔 수 없이 계속 먼 길을 재촉해 타향에서 생 **240**

---

33 『중국대백과전서·종교권』(제1판)과 런지위 주편, 『종교사전』을 참고.

존을 도모했다.

다행히 그들은 중국에 도착했다.

중국은 거대한 시장이었다. 영토가 광대하고 인구가 많을 뿐만 아니라 종교가 전무했다. 더구나 불교는 딱 알맞은 때에 갔다. 얼마 안 돼서 중국은 인도처럼 장기간의 동란과 분열에 빠졌다. 그것은 하늘이 내린 좋은 기회였다. 그리고 소수민족 거주지인 서역을 통해 주로 전파된 것은 지리적 이점으로 작용했으며 북방 이민족이 그들을 동류로, 남방 사족이 그들을 지기知己로 간주한 것은 인적 화합을 형성했다.

이로써 그들은 중국에 정착해 뿌리를 내릴 수 있었을 뿐만 아니라 제삼국으로 진출하는 것까지 가능해졌다.

물론 여기에도 사실 문제가 있기는 했다. 중국과 인도, 이 양대 문명은 어쨌든 그리스와 히브리처럼 서로 이질적이었다. 그래도 다행히 문명사에서는 로마 교황과 프랑크인의 연맹 같은, 그런 특이한 유의 결합이 없지는 않았다. 세상에는 영원한 친구도 영원한 적도 없다. 정치가 그렇고 문화도 그렇다.

하물며 불교와 중국 문명은 상통하는 점이 있었다. 사실 종교적 시각으로 보면 문명은 네 가지, 즉 일신, 다신, 범신, 무신으로 나뉜다. 다신교는 세계성을 확보하기 어려웠는데 가장 전형적인 예가 힌두교다. 일신교는 세계로 나아갈 수 있기는 했지만 전제 조건이 있었다. 새로 귀의하는 자가 겉으로는 다신 숭배자이면서 실제로는 범신론자이고 본래 신앙이 확고하지 않아야 했다. 이집트인이 그랬고 튀르크인과 몽골인도 그랬다. 물론 과거에 이미 일신론의 경향을 갖고 있었다면 더 순수한 일신교로의 개종이 순조롭게 이뤄졌다. 바로 페르시아인이 그랬다.

그런데 불교와 중국인은 모두 태도가 애매모호했다. 그들은 다 신이 없다고 말할 수 있었다. 석가모니와 조상은 인간이지 신이 아니기 때문이었다. 마찬가지로 다신이나 범신으로 봐도 무방했다. 그들의 숭배 대상은 전부 신성을 갖고 있어서 모든 중생과 후손에게 복을 내릴 수 있기 때문이었다. 바로 이런 모호함으로 인해 양쪽은 각자 표현할 수 있는 공간과 여지를 갖고 공동으로 문명을 건설할 수 있었다.

문명의 혼혈은 반드시 거대한 에너지를 낳는다. 당나라도 그래서 의심의 여지 없는 세계성을 갖췄다. 실제로 중국에서 한반도, 일본, 베트남으로 전파된 불교는 중국 문명의 일부로서 유가 학설 등과 함께 바다를 건너갔으며 거기에는 당연히 선종의 공로도 있었다.

그러나 선종은 중국인이 좋은 기회를 놓치게 만들기도 했다.

그 기회는 불교가 가져왔다. 현장 법사가 갖고 돌아온 불경에는 사실 중국 문명에 부족한 자원이 들어 있었다. 그것은 바로 인도 철학의 '오명五明'(Hetuvidyā) 중 하나인 인명因明이었다. '명vidyā'은 지식, 지혜, 학문을 뜻하는데 예컨대 성명聲明은 음운학과 언어학이었다. 또한 '인Hetu'은 근거를 추리하는 것이어서 인명은 곧 논리학과 인식론이었다. 인식

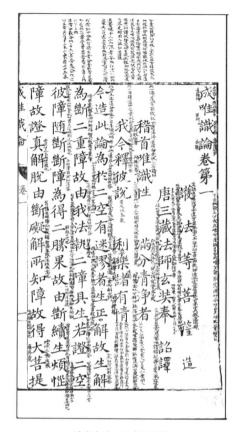

현장이 갖고 돌아온 불경

중국 불교사상 가장 위대한 불경 번역가 중 한 명인 현장은 인도에서 17년간 유학을 했고 열 가지 학설을 혼합, 편역해 『성유식론成唯識論』으로 완성했다. 사진은 명나라 만력 시기, 해녕海寧의 진환陳瓛이 펴낸 중간본이다.

론은 양론量論이라고도 불렸는데 연구 대상은 현량現量과 비량比量, 다시 말해 직관적 지식과 추론적 지식이었다.[34]

안타깝게도 결국 흔쾌히 받아들여진 것은 주로 성명이었다. 그것은 문학 창작에 이용되어 격률시를 낳았다. 인명은 아는 사람이 거의 없었다. 선종의 주장은 돈오로 부처가 되는 것이어서 따로 논리적 추리 같은 것은 불필요했기 때문이었다.[35]

이로 인해 인명의 배후에 있는 과학 정신도 배제되고 말았다. 사실 선종의 공안과 기봉을 살펴보면 그 대부분이 오만방자함일 뿐, 지혜에 대한 사랑이 아님을 깨달을 것이다. 지혜와 지혜에 대한 사랑은 전혀 별개라는 것을 알아야 한다. 그리스인처럼 지혜를 사랑하지 않으면 결국 남는 것은 말장난과 억지뿐이다.

포용의 정신은 지중해에 속했고 과학 정신은 아리아인에 속했으며 인명은 본질적으로 서양의 것이었다. 그래서 이 기회를 흘려보낸 것은 중국 민족에게 천추의 한이 되었다. 기술의 진보는 노동 계층에게 달렸고 과학 연구와 국민 교육은 지식인에게 달렸다. 만약 지식인 계층이 집단적으로 논리적 추리에 흥미가 없다면 그 민족의 사유 방식은 정말로 우려할 만하다. 심지어 아큐阿Q의 이른바 '정신승리법'도 일정 정도는 선종에 책임이 있다. 본래 사람이 살다 보면 때로 불가피하게 거리에서 조리돌림을 당할 수도 있다는 식의 전형적인 아큐의 발상에는 선적인 의미가 듬뿍 담겨 있다.

244

---

34 불교의 오명은 성명, 공교명工巧明(역법과 산술, 기술), 의방명醫方明(의학과 약학), 인명, 내명內明(불학)이다.

35 사실 불교의 논리학과 인식론은 그래도 중국의 학술에 영향을 주기는 했다. 왕부지王夫之가 현량과 비량 등의 개념을 사용한 것이 그 예인데 여기서는 논의하지 않겠다.

이제 결론을 내릴 수 있다. 수양제가 남북 대운하를 개통하고 무함마드가 메카에서 하늘의 계시를 받은 뒤로 세계는 새판 짜기에 돌입했다. 그 새판 짜기는 아랍인이 세계 대제국을 건설하고 게르만 야만족이 유럽의 새 주인이 된 뒤부터 칭기즈칸이 일으킨 몽골의 회오리바람이 유라시아 대륙을 휩쓸고 오스만튀르크가 이슬람 세계의 주재자가 된 데 이어 비잔티움이 천년 제국의 막을 내리기까지 몇 세기 동안이나 이어졌다.

그것이 곧 문명의 방향이었다.

그 격동의 세월 중에 중국 문명은 한편으로 세계와 가깝지도 멀지도 않게 관계를 유지하면서 다른 한편으로 자신의 추세에 따라 정점으로 나아갔다. 휘황찬란했던 당송 시대는 세계문명권의 시대였다. 그 후로는 극성기를 지나 쇠퇴했고 기복이 많았으며 또 몰락과 부흥을 경험했다. 그런데 고대 중국이 확장에서 수축으로 돌아선 전환점은 선종과는 무관해 보이는 탈라스 전투와 안사의 난이었다.

이에 줄줄이 질문이 떠오른다. 서양인의 눈에는 암흑기였던 중세는 왜 이슬람과 중국 문명의 황금기였을까? 이 양대 문명은 나중에 왜 다른 길을 걸었을까? 선종은 왜 생겨났고 또 역사의 분수령이 됐을까? 그 안의 비밀은 대체 어디에 있을까?

이 질문들에 답하려면 먼저 무측천에 관해 알아봐야 한다.

'번체자 회복론'에 대한 이중톈의 입장

2015년 중국의 전국인민대표대회와 중국인민정치협상회의(약칭 '정협')를 뜻하는 이른바 '양회兩會' 기간에 정협 문예분과 회의에서 흥미로운 주장이 제시되어 온라인 토론 공간을 뜨겁게 달군 적이 있다. 당시 펑샤오강馮小剛, 장궈리張國立 등의 문예분과 위원들은 공동으로 "초, 중, 고 학습 과정에서 일부 번체자를 회복하자"라는 제안서를 회의에 제출했다. 이는 1956년과 1977년, 두 차례에 걸쳐 제정된 '한자 간소화 방안'에 의해 중국 전역에 보급, 사용되어온 간체자의 지배적 권위에 대한 도전이었다. 특히 펑샤오강은 "번체자를 회복해야만 전통문화를 구하고 선양할 수 있다"라고 표명하면서 우선 문화적 함의가 풍부한 번체자 50개를 골라 초등학교 교과서에 넣자고 구체적인 방안을 제시했다.

펑샤오강은 어떤 인물일까? 우리에게는 낯선 인물이지만 사실 그는 **246**

장이머우張藝謀와 함께 중국 영화계를 대표하는 '국민 감독'으로서, 중국의 최대 영화 성수기인 설날 연휴에 역대로 가장 많은 화제작을 개봉하여 이른바 '설날 영화의 왕'이라고 불린다. 중국인들은 여러 세대에 걸쳐 그가 감독한 「휴대폰手機」 「천하무적天下無賊」 「개인 맞춤 제작私人訂制」 등을 보며 자랐고 여전히 기억하고 있다.

이처럼 비중 있는 문화계 거물이 번체자를 회복하고자 발 벗고 나섰으니 당연히 사회적 파장이 커질 수밖에 없었고 또한 그의 논리도 일견 일리가 있어 보였다. 예를 들어 '친애하다'의 간체자 표기는 '亲爱'이고 번체자 표기는 '親愛'인데, 전자는 후자와 비교하면 '見' 자와 '心' 자가 빠져 있다. 이에 대해 펑샤오강은 "보고 싶지 않은데 어떻게 서로 친할 수 있으며 마음이 없는데 어떻게 서로 사랑할 수 있는가?"라고 묻고는 "(번체자를 모르는) 요즘 아이들은 친하려면 봐야 하고 사랑하려면 마음이 필요하다는 것을 알지 못하며 전통문화의 진정한 함의는 더더욱 알지 못한다"고 주장했다.

대단히 흥미로운 논리다. 본래 중국의 간체자는 1949년 중화인민공화국 수립 이후 무려 70퍼센트에 달하는 문맹률과, 복잡하고 통일되지 못한 번체자의 구조적 단점을 해결하기 위해 수많은 학자가 전통적인 간소화 서체, 초서草書를 바탕으로 개발한 것이다. 첫 '한자 간소화 방안'이 공포된 지 60년이 지난 2017년, 중국의 문맹률은 5.28퍼센트까지 떨어졌다. 한마디로 간체자는 역사적 임무를 훌륭하게 완수한 것이다.

하지만 이와 동시에 한자의 본래 면모인 번체자의 미학적, 문자학적 장점을 아끼는 여러 지식인의 번체자 회복론이 분출하고 있는 것이다.

하지만 '국민 학자' 이중톈의 생각은 달랐다. "간체자는 전통문화의 계승에 전혀 방해가 안 된다"고 밝혔다. 그는 "과반수의 중국인이 번체자를 이해하지 못하더라도 문제가 안 된다"고 보았다. 이어서 번체자 회복론자들을 겨냥해 직설적으로 말하길, "그 간교한 술책을 부리는 사람들은 직접 '亂' '竈' '龜' '鬱' 자를 써서 내게 보여주기를 바란다"고 했다.

보기만 해도 눈이 어지럽고 직접 쓰려면 상당한 기억력과 '그림 솜씨'가 필요한 위의 네 글자는 모두 번체자다. 그리고 각각의 간체자는 차례대로 '乱' '灶' '龟' '郁'이다. 한자의 간소화가 일반 중국인들의 언어 사용에 얼마나 큰 편의를 제공하는지 보여주는 극명한 예라고 할 수 있다. 더구나 이 네 글자는 중국어의 상용한자에 속한다.

결국 이중톈은 번체자의 풍부한 미학성과 문화적 함의보다는 간체자의 편의성을 더 중시하고 있는 것이다. 솔직히 내가 생각하기에도 "번체자를 회복해야만 전통문화를 구할 수 있다"는 펑샤오강의 주장은 다소 과장인 듯하다. 지나친 간소화 때문에 본래의 글자가 무엇인지 유추하기 힘든 간체자는 사실 그리 많지 않을뿐더러, 글자의 일부가 생략되었다고 해서 그 글자의 의미가 결정적으로 훼손될 만큼 한자의 상형적 성격이 지대하다고는 생각하지 않기 때문이다.

248

사실 중국의 간체자, 번체자 논쟁보다 내게 훨씬 더 중요한 문제는 우리나라 한자 교육의 현주소다. 매체와 학교 현장에서 한자의 중요성이 급감하면서 한국인은 점점 더 한자와 멀어지고 있다. 하지만 주지하다시피 한국어 어휘의 60퍼센트는 한자의 조합인 한자어로서 상당수는 낱낱의 한자를 식별해야 완전한 이해가 가능하다. 나아가 효과적으로 한자를 활용할 줄 알아야만 보다 효율적이고 함축적인 문장 구성이 가능하다. 이 문제를 우리는 어떻게 해결해야 할까? 너무 답답해서 무작정 이중톈 선생이라도 찾아가 붙잡고 물어보고 싶은 심정이다.

『선종의 흥기』에 언급된
사건의 연표

330년(동진 함화咸和 5) 로마 제국이 비잔티움으로 천도해 수도 이름을 콘스탄티노플로 바꿈.

376년(동진 태원太元 원년) 게르만 민족의 대이동.

386년(태원 11) 척발규拓拔珪가 왕이라 칭하여 북위가 세워짐.

392년(태원 17) 기독교가 로마 제국의 국교가 됨.

395년(태원 20) 로마 제국의 분열.

398년(동진 융안隆安 2) 북위가 평성平城으로 천도하고 척발규가 칭제를 함.

410년(동진 의희義熙 6) 서고트인이 로마성을 함락시킴.

420년(동진 원희元熙 2) 동진이 망하고 유송이 세워짐.

427년(유송 원가元嘉 4) 고구려가 평양으로 천도.

439년(원가 16, 북위 태연太延 5) 북량이 망하여 오호십육국 시대가 끝나고
253 남북조 시대가 시작.

444년(원가 21, 북위 태평진군太平眞君 5) 북위가 불교를 금함.

445년(원가 22) 로마 주교 레오 1세가 스스로 교황이라 칭함.

476년(유송 원휘元徽 4, 북위 승명承明 원년) 서로마 제국 멸망. 북위의 풍馮태후가 정치 개혁을 시작.

494년(북위 태화太和 18) 척발굉拓拔宏이 낙양으로 천도.

496년(남제 건무建武 3, 태화 20) 프랑크 왕국의 국왕 클로비스가 기독교에 귀의.

526년(남량 보통普通 7) 달마가 광주에 상륙.

527년(보통 8) 동로마 제국의 황제 유스티니아누스가 즉위. 양무제가 동태사同泰寺에서 첫 번째 출가를 하고 달마가 그를 알현함.

534년(남량 중대통中大通 6) 비잔티움이 북아프리카의 반달 왕국을 멸함. 『로마법대전』 완성.

552년(남량 승성承聖 원년) 양잠과 제사製絲 기술이 비잔티움에 전래.

555년(승성 4) 비잔티움이 동고트 왕국을 멸함.

581년(수 개황開皇 원년) 양견楊堅이 칭제를 하고 수나라를 세움.

589년(개황 9) 진陳나라가 망하고 수나라가 중국을 통일.

592년(개황 12) 일본의 스이코 여황제가 즉위.

597년(개황 17) 기독교가 영국에 전래.

604년(수 인수仁壽 4) 수문제가 죽고 수양제가 즉위.

610년(수 대업大業 6) 수양제가 다시 강도江都로 건너가 강남하江南河를 개 **254**

통해 경구부터 여항까지 800리가 이어짐. 이슬람교의 선지자 무함마드가 하늘의 계시를 받음. 아르메니아인 헤라클리우스가 비잔티움의 황제가 됨.

612년(대업 8) 무함마드가 메카에서 공개 포교를 시작.

618년(당고조 무덕武德 원년) 이연李淵이 칭제하여 당나라가 세워짐.

622년(무덕 5) 9월 24일, 무함마드가 야스립에 도착했고 이때부터 야스립은 선지자의 도시라는 뜻의 메디나로 이름이 바뀌었다. 이해는 그 후에 이슬람력 원년으로 정해졌다.

628년(당태종 정관貞觀 2) 비잔티움과 페르시아인이 정전 협정을 체결.

629년(정관 3) 현장이 불경을 구하러 인도로 출발.

630년(정관 4) 당태종이 천카간으로 추대되었고 일본이 견당사를 파견하기 시작. 무함마드가 군대를 이끌고 메카를 함락하여 메카의 주민 전체가 이슬람교에 귀의했으며 메카는 이슬람교의 최고 성지가 되었다.

631년(정관 5) 현장이 인도에 도착해 갠지스강 남쪽의 마가다 왕국에 있는 날란다 사원에 들어감.

632년(정관 6) 무함마드 사망. 아부 바크르가 초대 칼리파가 되어 재위 기간에 아라비아반도를 통일.

634년(정관 8) 우마르가 제2대 칼리파가 됨.

635년(정관 9) 당나라군이 토욕혼의 수도를 함락. 경교가 중국에 전래됨. 아랍군이 비잔티움의 주요 도시인 다마스쿠스를 함락.

255

638년(정관 12) 아랍인이 예루살렘을 점령.

640년(정관 14) 당나라가 안서도호부安西都護府를 교하交河의 옛 도시에 설치.

641년(정관 15) 문성공주가 티베트로 들어감. 비잔티움 황제 헤라클리우스가 사망하고 콘스탄스 2세가 집권.

642년(정관 16) 아랍인이 이집트를 정복.

644년(정관 18) 우스만이 제3대 칼리파가 됨.

645년(정관 19) 현장이 장안으로 돌아옴.

649년(정관 23) 당태종 이세민이 사망하고 당고종 이치李治가 즉위. 아랍인이 키프로스를 정복.

651년(당고종 영휘永徽 2) 아랍군이 페르시아 사산 왕조를 멸했고 아랍 제국이 장안에 사절을 파견하여 이슬람교가 중국에 전래.

656년(당 현경顯慶 원년) 알리가 제4대 칼리파가 되어 쿠파로 수도를 옮겼고 이슬람 내전이 시작됨.

657년(현경 2) 당나라가 서돌궐을 멸함.

660년(현경 5) 신라가 당나라와 연합해 백제를 멸함.

661년(현경 6) 아랍에 우마이야 왕조가 수립되어 메디나에서 다마스쿠스로 수도를 옮기고 칼리파를 세습제로 바꾸었다. 서양 사학계에서는 이를 아랍 제국의 탄생으로 봄.

668년(당 건봉乾封 3, 총장總章 원년) 당나라가 고구려를 멸하고 평양에 안동

도호부를 설치.

<u>671년(당 함형咸亨 2)</u> 혜능이 황매 쌍봉산에서 홍인을 스승으로 모심.

<u>676년(당 의봉儀鳳 원년)</u> 혜능이 광주 법성사에 출현.

<u>679년(당 조로調露 원년)</u> 송평宋平(베트남 하노이)에 안남도호부를 설치.

<u>690년(무측천 천수天授 원년)</u> 무측천이 칭제하고 국호를 주周로 바꿈.

<u>698년(성력聖曆 원년)</u> 아랍 제국 우마이야 왕조가 튀니지, 알제리, 모로코를 정복.

<u>705년(당중종 신룡神龍 원년)</u> 무측천이 죽고 당나라가 회복됨.

<u>714년(당현종 개원開元 2)</u> 아랍인이 스페인을 정복.

<u>726년(개원 14)</u> 비잔티움 제국에서 성상 파괴 운동 발생.

<u>732년(개원 20)</u> 아랍군이 프랑크 왕국의 통치자 카를 마르텔에게 패퇴.

<u>742년(당 천보天寶 원년)</u> 서돌궐이 완전히 멸망함.

<u>750년(천보 9)</u> 아랍 제국에서 아바스 왕조 수립.

<u>751년(천보 10)</u> 아바스 왕조가 타슈켄트를 정복. 당나라 장군 고선지가 탈라스성에서 아랍군을 공격했지만 대패해 돌아갔다. 이때 포로가 된 당나라 병사 중에 제지 기술자가 있어 아랍에 제지술이 전래되었다. 프랑크 왕국의 난쟁이 궁재 피핀이 왕위를 찬탈하여 카롤루스 왕조를 수립.

<u>755년(천보 14)</u> 안사의 난 발발.

257 <u>756년(천보 15)</u> 교황령 수립. 아바스 왕조의 왕자가 스페인에 후우마이야

왕조를 세우고 코르도바를 수도로 정함.

762년(당숙종 보응寶應 원년) 아바스 왕조가 바그다드로 수도를 옮김.

788년(당덕종 정원貞元 4) 회홀回紇이 당나라에 공문을 보내고 회골回鶻로 개명.

800년(정원 16) 카롤루스가 대관식을 통해 로마 황제가 됨.

804년(정원 20) 카롤루스가 색슨을 정복.

840년(당문종 개성開成 5) 회골 칸국 멸망.

843년(당무종 회창會昌 3) 카롤루스 제국이 셋으로 나뉘어 이탈리아, 독일, 프랑스의 원형이 됨.

864년(당의종 함통咸通 5) 기독교가 불가리아에 전래.

909년(후량 개평開平 3) 파티마 왕조가 세워져 시칠리아와 북아프리카를 점유.

929년(후당 천성天成 4) 후우마이야 왕조의 압드 알라흐만 3세가 스스로 칼리파라고 선포.

950년(후한 건우乾祐 3) 기독교가 보헤미아에 전래.

962년(북송 태조 건륭乾隆 3) 신성 로마 제국 탄생.

967년(건덕乾德 5) 기독교가 폴란드에 전래.

988년(태종 단공端拱 원년) 키프로스가 기독교에 귀의.

1008년(진종 대중상부大中祥符 원년) 스웨덴에서 기독교가 확립.

1031년(인종 천성天聖 9) 후우마이야 왕조가 망하고 스페인이 20여 개의 소

왕국으로 분열됨.

1054년(황우皇祐 6) 동서 교회가 분열되어 로마 가톨릭과 동방 정교회가 탄생.

1055년(지화至和 2) 바그다드가 셀주크튀르크인에게 점령당해 아바스 왕조가 유명무실해짐.

1096년(철종 소성紹聖 3) 제1차 십자군 원정 시작.

1147년(남송 고종 소흥紹興 17) 제2차 십자군 원정.

1171년(효종 건도乾道 7) 튀르크 제국이 카이로를 함락하여 파티마 왕조 멸망.

1189년(순희淳熙 16) 제3차 십자군 원정.

1202년(영종 가태嘉泰 2) 제4차 십자군 원정.

1206년(개희開禧 2) 철목진鐵木眞이 칭기즈칸으로 추대. 이슬람교를 신봉하는 인도 델리의 술탄국이 수립.

1215년(가정嘉定 8) 영국 국왕이 마그나카르타에 서명.

1217년(가정 10) 제5차 십자군 원정 시작.

1219년(가정 12) 몽골군이 서방 원정을 개시.

1228년(이종 소정紹定 원년) 제6차 십자군 원정.

1236년(단평端平 3) 카스티야인이 코르도바를 함락해 무슬림의 스페인 통치가 종결.

259 1248년(순우淳祐 8) 제7차 십자군 원정.

1256년(보우寶祐 4) 칭기즈칸의 손자 훌라구가 몽골군을 이끌고 이란 전 지역을 점령하여 실질적으로 일한국을 수립.

1258년(보우 6) 훌라구가 몽골군을 이끌고 바그다드를 함락해 아바스 왕조가 멸망하고 아랍 제국이 끝남.

1265년(도종 함순咸淳 원년) 영국이 최초로 국회를 소집.

1270년(함순 6) 제8차 십자군 원정.

1291년(원세조 지원至元 28) 십자군이 동방에 있던 최후의 거점을 잃음으로써 십자군 원정이 끝났다.

1295년(원성종 원정元貞 원년) 6월 19일, 아바스 왕조를 대신한 일한국의 가잔 칸이 장병들을 이끌고 단체로 이슬람교에 귀의했으며 11월 3일에는 이름을 무함마드로 바꾸고 스스로 술탄이라 칭함.

1299년(대덕大德 3) 오스만튀르크 제국 수립.

1453년(명대종 경태景泰 4) 5월 29일, 콘스탄티노플이 오스만튀르크인에게 함락되어 비잔티움 제국이 멸망했다. 오스만튀르크 제국은 곧장 수도를 콘스탄티노플로 옮기고 이름도 이슬람의 성이라는 뜻의 이스탄불로 바꿈.

1492년(명효종 홍치弘治 5) 후우마이야 왕조의 잔여 세력이 소멸.

1517년(명무종 정덕正德 12) 오스만튀르크 제국이 카이로를 함락해 이집트를 정복. 그리고 제국의 술탄 겸 칼리파가 이슬람 세계에서 가장 높은 정신적 리더가 되었는데, 1924년 터키 공화국에 의해 폐지될 때까지 줄곧 그랬다. 마르틴 루터는 독일에서 종교개혁의 서막을 열었다. 포르투갈 상인은 멀리 중국 광주까지 갔으며 유럽 상인과 중국의 직접 무역은 그때부터 시작됨.

이중톈 중국사
\14\

선종의 흥기

초판 인쇄	2021년 8월 10일
초판 발행	2021년 8월 27일

지은이	이중톈
옮긴이	김택규
펴낸이	강성민
기획	김택규
편집장	이은혜
편집	신상하 곽우정
마케팅	정민호 김도윤
홍보	김희숙 함유지 김현지 이소정 이미희 박지원

펴낸곳	(주)글항아리│출판등록 2009년 1월 19일 제406-2009-000002호
주소	10881 경기도 파주시 회동길 210
전자우편	bookpot@hanmail.net
전화번호	031-955-1903(편집부) 031-955-2696(마케팅)
팩스	031-955-2557

ISBN	978-89-6735-943-0 03900

잘못된 책은 구입하신 서점에서 교환해드립니다.
기타 교환 문의 031-955-2661, 3580

www.geulhangari.com